共著者 = 秋松鶴 / 李慶鐵

四柱命柱格破
사주명주격파

사주의 모든 것

圖書出版 生活文化社 發行

서두언

 천(天)과, 지(地)의 삼라만상에는 어느 하나라도 기운이 없는 것이 없고 어느 하나라도 나름대로 생명이 없는 것이 없다. 그 중 우리 삶에서 우선적으로 중요한 것이 있다면 그것은 바로 사람이다. 사람은 이 세상 모든 만물을 지배하며 살아가고 있지 않은가. 그러나 사람들은 하루의 일상생활을 하면서 얼마나 갑갑한 것인가 ? 우리 사람은 하루하루를 살아가면서 그 날의 길흉 운세를 모르기에 그것을 연구 한 끝에 작법한 것이 명리학이라 하겠다. 그러나 그마저도 역학에 깊이 있는 연구는 하지 않고 이를 이용하여 생계수단의 방편으로 이용하려 하는 사람도 있으며 또는 간단하게 상대해서 보기에도 수다스러운 낭설로 한 줌에 불과한 가벼운 실력으로 자기의 과찬이나 일삼고 자기가 제일인자라고 뽐내고 있는가 하면 다른 사람을 멸시하는 풍토까지 있으니 이것이 바로 空亡이요, 나무에서 매달려 울고 있는 여름 한철의 매미와 다를 바 없는 것이다. 전국 역우는 바야흐로 쉴 때가 아니다. 더욱 더 연구하고 세심하게 해설하는 사주운명학에 귀재가 탄생하기를 고대하면서 작은 도움이 되어 많은 연구가 있기를 바라면서 서언에 끝을 맺으며, 이곳에서 기초학이 필요한 분은 사주비전 책을 구입하시고 거기에서 부족하면 신통사주까지 보시기 바랍니다. 감사합니다.

저자   이경철 식

(목 차)

제 1편 역학에 입문과 기초 ····················· 13

제 1장 역학의 기초
1. 천간이란 무엇인가
2. 지지란 무엇인가 ····················· 15

제 2장 간지 오행

제 3장 삼기란 무엇인가
1. 삼기에 대한 운세 ····················· 22
2. 덕수 해설 ····················· 23
3. 六十甲子 및 납음오행 ····················· 25
4. 時잡는 법 ····················· 26
5. 時頭법 ····················· 26
6. 12절 암기법 ····················· 27
7. 슴이란 무엇인가 ····················· 27

제 4장 사주 정리법 ····················· 30
1. 오행 상생과 상극 ····················· 31

2. 12운성법······················33
3. 월율분야란 무엇인가··············35
4. 공망이란 무엇인가················36
5. 상충살이란 무엇인가··············37
6. 파(破)란 무엇인가················41
7. 해살이란 무엇인가················42
8. 역마살이란 무엇인가··············43
9. 문창이란 ?······················51
10. 겁살이란 무엇인가···············62
11. 망신살 보는법···················64
12. 암록이란 무엇인가···············67
13. 천의성이란 무엇인가·············68
14. 고진 과숙살이란 무엇인가········70
15. 반음(복음)살은 무엇인가·········72
16. 태월이란 무엇인가···············72
17. 형살이란 무엇인가···············74
18. 원진살이란 무엇인가·············76
19. 양인.비인살····················77
20. 천을귀인이란 무엇인가···········78
21. 천덕,월덕귀인이란 무엇인가······82
22. 천주귀인이란 무엇인가···········84
23. 태극귀인이란 무엇인가···········85

24. 장성이란 무엇인가……………………86
25. 화개살이란 무엇인가……………87
26. 수옥살이란 무엇인가……………88
27. 도화살이란 무엇인가……………89
28. 귀문관살………………………………91
29. 백호살…………………………………92
30. 천라지라살……………………………93
31. 락정살…………………………………94
32. 다전살 천전살………………………95
33. 지전살…………………………………96
34. 효신살…………………………………97
35. 남녀 생사별의 일진………………98
36. 신체파괴칠살…………………………99
37. 강성살…………………………………100
38. 맹인살…………………………………101
39. 병신살…………………………………101
40. 철직살…………………………………102
41. 삼재 팔난……………………………103
42. 자손 형제수 견법…………………104
43. 십이지살………………………………106

제 2편 각종 비법

제 1장 각종 신살 편

1. 사주에 위치······117
2. 육신 통변법······117
3. 왕 쇠 강,약의 비법······118
4. 신왕, 신약사주 보는법······119
5. 부부 이별 팔자······121
6. 처가 흉사하는 사주······122
7. 악사 하는 사주······122
8. 각종 비결집······123
9. 여명 보는법······130

제 2장 화청 귀명법

1. 화명······132
2. 청명······133
3. 귀명······134
4. 탁명······134

제 3장 격국 작성법

1. 극 제 화 억 부의 뜻······140
2. 알아야 할 단어······140
3. 신왕사주란 어떤 것인가······141
4. 중강사주란?······142

5. 신약사주란?·····································143
6. 최약한 사주란?·································144
7. 중약사주란?·····································144
8. 소약한 사주란?·································145
9. 격국법··146
10. 격국의 용신법································147

제 4장 격국의 해설편

1. 정관격··149
2. 편관격··151
3. 정재격··151
4. 편재격··152
5. 식신격··152
6. 상관격··152
7. 편인격··153
8. 인수격··153
9. 양인격··153
10. 건록격··154
11. 육친의 통변법································154

제 3편 격국 특징과 직업
제 1장 종합 해설

1. 식신격의 특징 및 직업······················155
2. 상관격의 특징 및 직업······················157
3. 편재격의 특징 및 직업······················159
4. 정재격의 특징 및 직업······················161
5. 편관격의 특징 및 직업······················162
6. 정관격의 특징 및 직업······················165
7. 편인격의 특징 및 직업······················166
8. 인수격의 특징 및 직업······················167
9. 시묘격이란 무엇인가·······················169
10. 전식합록격································170
11. 전인합록격································170
12. 종살격이란 무엇인가······················171
13. 묘고의 관계································174
14. 격국 및 용신이란 무엇인가············176
15. 격국의 상식································178
16. 격국취용법의 비법························181
17. 격국의 작성법······························182

제 2장 여자 운명 감정 법
1. 육친운 식신 보는법························210
2. 육친운 상관 보는법························211
3. 육친운 편,정관 보는법····················213

4. 육친운 편,정재 보는법·················215
   5. 육친운 편인,인수 보는법·················216
   6. 육친운 비견 보는법·················217
   7. 육친운 겁재 보는법·················218

제 3장 사주 격국 정리법·················219

제 4장 사주용신은 日天干(本身)에서 나온다···
   ·················228

제 5장 일천간을 억제 하는 용신법·········232
   1. 남자 육친비법·················239
   2. 여자 육친비법·················239

제 6장 사주에는 격국 용신이 중요하다
   1. 모든격에는 팔정격과 66격이 있다.···239
   2. 격의 구분 및 실예·················240
   3. 사주 용신법·················252
   4. 사주오행과 약이란 무엇인가·········253
   5. 병과 약의 용신법·················257
   6. 사주학에 용어·················259
   7. 희,기,구,한신은 무엇인가·················260

8. 조후란 무엇인가……………………263
　　9. 사주격국 및 종합해설………………263

제 7장 각종 격국 통변법
　　1. 식신격의 통변법……………………293
　　2. 상관격의 통변법……………………297
　　3. 편재격의 통변법……………………299
　　4. 정재격의 통변법……………………301
　　5. 편관격의 통변법……………………303
　　6. 정관격의 통변법……………………306
　　7. 편인격의 통변법……………………309
　　8. 인수격의 통변법……………………311

제 8장 외격의 조직법……………………313

제 9장 일주의 비법………………………340

제10장 사주핵심. 혼례택일. 감정장. 성명장

제1편 역학의 기초
제1장 천간과 지지해설

(1) 천간이란 무엇인가.

천간	甲	乙	丙	丁	戊	己	庚	辛	壬	癸
오행	木	木	火	火	土	土	金	金	水	水
음양	양	음	양	음	양	음	양	음	양	음

 사주에서나 우리 인생에서도 선배와 후배가 있듯이 먼저 알아야 할 것이 있고 나중에 알아야 할 것이 있는 것인데 첫째로 알아야 할것이 천간인 것이다.
천간은 십개가 있는데 이것을 흔히 부르기를 열개가 있다고 하여 십간이라고 하는데 십간을 하나의 나무라고 생각한다면 그 나무의 뿌리가 튼튼하면 그 나무는 크게 무럭무럭 자랄수가 있겠으나 앞날의 성장과정을 잘 모르니 첫째로 뿌리가 튼튼한가를 보는 것이다. 뿌리란 12운성에서 병, 사, 장, 포가 가장 뿌리 없는 죽은

글자로 보고 그 외에 생, 왕, 욕, 대,관, 태, 양은 뿌리가 튼튼하다고 보지만 이외 병, 사, 장, 포가 해당한 것은 (사주정리 및 12운성 보는 법은 사주비전을 참조할것) 죽은 글자라고 하며 뿌리가 약하다고 하는 것이다. 사주 볼 때 어떠한 하나의 천간이 기신에 해당한다면 그 나뿐 기신 밑에 12운성에 나뿐 병(病)자가 붙었다면 그 나뿐 기신은 힘을 쓸수가 없게 되는 것이다.

천간은 하늘이며 음성적이 아니라, 양성적이기 때문에 상충이 되는 천간은 길흉화복의 일이 속히 생기는 것이고 지지가 공망이 되는 사주 기둥은 천간까지 공망이 되는 것이며, 사주 대운 볼 때는 대운은 공망이 되지 않는 것이며 사주의 용신을 보고 길흉 판단하는 것이다.

여자 사주에 일천간이 생을 많이 받지 못하든지 12운성에서 병, 사, 장, 포가 해당한 사주는 신약한 사주라 하는데 신약한 사주는 성공률이 약하다고 본다.

천간 甲木은 머리라 보고 강한 나무라 한다.
천간 乙木은 사람의 간이며 유한 나무라 한다.
천간 丙火는 어깨라 하며 휘발유라고도 한다.

천간 丁火는 얼굴을 말하며 약한 불이라 한다.
천간 戊土는 위장이며 큰 산을 말한다.
천간 己土는 사람의 배를 말하며 습지 땅을 말한다.
천간 庚金은 폐장이며 강철을 말한다.
천간 辛金은 폐장이며 돌이 많은 산을 말한다.
천간 壬水는 뼈를 말하며 큰물을 뜻한다.
천간 癸水는 다리이며 땅속에 고요한 물이다.

(2) 지지란 무엇인가

지지	子	丑	寅	卯	辰	巳	午	未	申	酉	戌	亥
오행	水	土	木	木	土	火	火	土	金	金	土	水
음양	양	음	양	음	양	음	양	음	양	음	양	음

지지란 땅을 뜻하며 우리 인생의 뿌리라고 보면 될 것이다.

지지 子는 水이며 11월의 월지지이기도 하며 땅속의 물이며 색은 검은색이고 子에 丑이 있으면 합이 되지만 子를 충하든지 未를 충하는 지지 글자가 있을 때는 합국이 되어도 약하다.
지지 丑은 12월의 월건이며 추운 겨울의 흙이니 차갑다.
지지 寅은 새로 시작한다는 1월의 지지이니 모든 기운이 아주 강한 달이라 한다.
사주내에 寅申巳亥가 다 있는 사주 일때는 여자는 과부가 많다.
지지 卯는 木에 해당하지만 卯월은 첫 번째가 아니고 두 번째 월건인데 약한 木이며 추위에 조금 약한 木이다.
지지 辰은 3월의 지지인데 辰土는 밀가루 음식도 된다.
지지 巳는 4월의 월건에 해당하는데 나무 잎이 되며 꽃이 피고 만물이 탄생되는 시기이기도 하지만 조금 고독한 뜻을 가지고 있다.
국수를 뜻하기도 한다.
지지 午는 火이며 5월달의 월건이기도 하다. 午日생은 종교 의사 등의 직업이 좋다.
지지 未는 土이며 6월의 월건인데 작은 흙무덤

을 말하는데 6월은 메마른 땅이 많을 때이다.
지지 申은 金이며 재주가 있는 金이라 하며
7월의 월건이기도 하지만 머기가 좋은 영리한
글자이다.
지지 酉는 8월의 월건이며 고독한 글자이고 몸
에 흉터가 생긴다는 글자이기도 하다.
지지 戌은 9월의 월건이며 지라살이라고도 한
다.
戌日生에 신약사주는 부부 생사이별 하는 사주
이라 한다.
지지 亥는 10월의 월건이며 크게 흐르는 물이
라고도 하는데 亥자가 둘이 있으면 자형살이라
고도 하며 큰물이라고도 한다.

제 2장 간지 오행

甲 乙 寅 卯는 모두가 木에 해당 한다.
丙 丁 巳 午는 모두가 火에 해당한다.
戊 己 辰 戌 丑 未는 모두가 土에 해당한다.
庚 辛 申 酉는 모두가 金에 해당한다.
壬 癸 子 亥는 모두가 水에 해당한다.

오행은 언제 사용하는 것인가는 사주 정리후 오행을 붙여서 길흉화복을 논하는 것이니 중요한 것이며 꼭 암기하여야 한다.
사주팔자 정하는 법은 추송학 저서 사주비전을 참고 하기 바란다.

* 오행의 해설
오행이라 하면 다섯가지 木 火 土 金 水를 말하는데 오행에도 모든 뜻이 있으니 참고하기 바란다.
木이란 왕성하고 쇠약한 木이 있는데 왕성한 木은 甲寅, 乙卯, 甲辰, 乙巳, 甲戌, 乙亥를 말하는데 왕성 하다는 뜻은 12운성으로 보면 관(冠)이란 힘 있는 건록이라고도 하는 글자에 해당하게 되며 왕성한 木이라고 자칭하는 것이고 힘없는 木은 甲申, 乙酉, 甲午, 乙未, 甲子, 乙丑 등은 12운성에서 뿌리 없는 병, 사, 장, 포 등이 붙이게 되니 힘없는 木이라 칭한다.
木은 土에서 뿌리를 내리며 성장한다.
그러나 土가 너무 많든지 키는 적은데 흙이 너무 많으면 도리어 흙 때문에 木이 피해를 입게 된다.

겨울 추운 때 木이라면 그 木은 얼어 죽는 것이니 사람이라면 무사할수 있겠는가 木은 월래는 水가 있어야 하지만 물도 많으면 나무는 썩고 둥둥 떠서 어디론가 떠나가게 되는 것이니 木일생에 水가 많으면 객지 생활하며 병이오는 것이다.

水일이 되는 사주는 木이 많아서 水를 설기시키는 힘이 강하다면 몸이 허약해 질것이니 싫어 하는 것이 원칙이고 또는 土가 많아서 극을 많이 하여도 몸에 이상이 오는 것이 원칙일 것이다.

사주에 水가 많은 사주라면 흐르는 물과 같이 火를 극하면서 불을 꺼버릴 것이니 火는 죽는 것이 되는 것이다.

그러므로 水가 많은 사주는 파란이 많은 사주라고 한다.

水일생 水가 많은 사주는 신빙성이 결여된 사주라 하겠다.

水가 많은 사람은 유동적이니 남자는 종교 철학등의 직업이 맞고 여자는 연예인 등이 맞을 것이다.

火일생은 성격이 급하며 여름에 출생한 사람은

파란이 많다. 火자체가 불인데 땡볕에 태어났으니 열이 많고 다혈질 체질이 아니겠는가.

火일생 사주에 水가 많다면 많은 水가 불을 끌 것이니 水로 인해 피해를 입는 것이니 水는 신장이며 火는 심장이니 水 때문에 심장이 피해를 입을 것이니 심장병이 오는 것이다.

土일생은 水를 막는 역할을 하지만 水가 너무 많고 土가 적으면 무너지고 水가 이기는 것이 아니겠는가.

여자사주에 사주 전체가 辰 戌 丑 未 土가 된다면 과부된다고 하지만 남자는 辰 戌 丑 未 土가 사주 전체가 되면 부귀하다고 한다.

土는 토건업, 농장이니 土일생은 토건업, 농장 등을 하면 좋은 사주이다.

日주가 土인데 사주 월주 지지가 또 土라면 좋은 사주도 있겠으나 土가 많으면 사주가 나쁜 사주가 된다.

土가 많을 때는 형 충 파 해 살 등이 되는 것을 싫어하지 않는다.

土가 너무 적고 水가 많다면 그 土는 물에 풀어지고 마니 사람도 물에 빠져 죽는 사주라 한다.

金에 대한 뜻을 말한다면 똑똑한 글자라고 할 수 있다.

金일생은 水가 없으면 중화가 안되어 아무리 土가 있어도 먹기만 하고 볼일을 못보니 위장병이 오게 될 것이다.

金일생이 火가 많다면 불에 타게 되니 속히 실패한다.

金일생이 水가 많다면 물로 인해 피해를 보게 된다.

金일생인 여자가 신왕하면 오래 산다.

金일생 사주에 土가 적당히 있고 다른 오행들도 적당히 있다면 좋은 사주가 되는 것은 사실일 것이다. 그러나 어느 하나라도 많은 오행이 있다면 그 많은 오행은 반드시 약한 오행을 극시킬 것이니 극 받는 오행은 상처를 받게 되는 것은 사실일 것이다.

제 3장 삼기란 무엇인가.

(1) 삼기에 대한 운세

삼기란 甲戊庚 천상삼기
　　　　乙丙丁 지상삼기
　　　　壬癸辛 인중삼기

삼기란 운명 감정할 때 중요한 것인데 사주 팔자 중에 삼기가 그대로 좌로나 우로나 순서대로 있는 사주는 대길하여 좋은 사주라고 평하는 것이며, 만약 甲 戊 庚이 아니고 年에는 戊가 있고 月에는 庚이 있고 日주에는 甲이 있는 식으로 혼동되어 있으면 나뿐 사주라고 하는 것이다.

남자에게는 천상 삼기가 있는 것이 당연히 좋을 것이며 여자 사주에는 지상 삼기가 있는 것이 좋은 운명이라고 하며 인중삼기는 남녀다 같이 다 좋다고 본다.

인중삼기가 사주에 있는 남자나, 여자중에는 파란이 많은 사람도 혹은 있기도 하지만 그래도 좋은 신인것 만은 확실하다. 사주 천간에 있는 것도 길하지만 장간에 있는 것도 吉하다. 단 주의할 것은 장간에 있을때 지지끼리 형이나 충이 되면 나뿐 사주라고 볼수 있다는 점만 차이가 있는 점이다.

삼기는 어떤 삼기라 하여도 사주에 있는 것은 평생 사는 날까지 특별한 액운을 당하는 일은 없는 것이다. 삼기도 공망이 되면 없는 것으로 간주 한다.

(2) 덕수(德秀)란 복신도 있다.

출생한 생월로 감정 하는데 寅 午 戌 生인이 사주에 丙丁이 있는 사주는 德이 있다고 하여 총명하다고 하며 寅 午 戌 生인이 戊癸가 사주에 있는 것은 수기가 있다 하며 총명하다고 한다.

亥卯未月生은 壬癸가 덕이며 丙辛이 수기이다.
巳酉丑月生은 庚辛이 덕이요 乙庚이 수기이다.
충이 되든지 형이 되든지 이 모두가 다 작용을 못하게 한다는 것이니 참고 바란다.

예를 들면서 설명하기로 한다.
庚 庚 戊 癸
辰 午 午 未

출생월이 戊午월인데 丙丁은 없고 戊癸가 있으니 덕은 없고 수기가 있는 사주인데 戊癸合이 되면서 火가 나온다. 즉 나온 火가 육친으로 관살이 되니 관은 관록으로 계산하니 관청에서 월급탄다는 사주가 된다. 수기가 年月천간에 있는 것을 가장 좋다고 하며 日時에 있는 것은 다음으로 좋다고 한다.

(3) 六十甲子 및 納音五行 (납음오행)

甲子 해중금	甲戌 산두화	甲申 천중수	甲午 사중금	甲辰 복등화	甲寅 대계수
乙丑	乙亥	乙酉	乙未	乙巳	乙卯
丙寅 노중화	丙子 간하수	丙戌 옥상토	丙申 산하화	丙午 천하수	丙辰 사중토
丁卯	丁丑	丁亥	丁酉	丁未	丁巳
戊辰 대림목	戊寅 성두토	戊子 벽등화	戊戌 평지목	戊申 대역토	戊午 천상화
己巳	己卯	己丑	己亥	己酉	己未
庚午 노방토	庚辰 백납금	庚寅 송백목	庚子 벽상토	庚戌 차천금	庚申 석류목
辛未	辛巳	辛卯	辛丑	辛亥	辛酉
壬申 검봉금	壬午 양류목	壬辰 장류수	壬寅 금박금	壬子 상좌목	壬戌 대해수
癸酉	癸未	癸巳	癸卯	癸丑	癸亥

※ 以上의 납음 오행도 사주 감정할 때 보는 것이므로 완전히 감정할때는 꼭 필요한 오행이다. 그러나 대다수는 오행을 사용할줄 모르고 그냥 넘어가는 것이 현실이다.

(4) 時 잡는 법

자기가 태어난 시간은 알아도 十二 地支의 어느 곳에 해당하는지 모르는 사람이 많기 때문에 時地를 알도록 하였다.

오늘 밤 11시부터 내일 새벽 1시까지가 子時가 되니 1시부터 3시까지는 丑時가 된다.

2시간씩 가는 것이니, 3시부터 5시까지는 寅時이며, 5시부터 새벽 7시까지는 卯時이고, 7시부터 9시까지는 辰時이다. 9시부터 낮 11시까지는 巳時이고, 11시부터 오후 1시까지는 午時이고, 1시부터 오후 3시까지는 未時이며 3시부터 오후 5시까지는 申時이고, 5시부터 오후 7시까지는 酉時이며, 7시부터 저녁 9시까지는 戌시이며, 9시부터 밤 11시까지가 亥時라 하니 암기해 두도록 한다.

(5) 時頭法

甲己日은 甲子時

乙庚日은 丙子時

丙辛日은 戊子時

丁壬日은 庚子時

戊癸日은 壬子時

四柱 日天干이 甲日 출생자는 子時가 甲이 시작되고 丑은 乙이 붙고 寅時는 丙寅時가 되며 卯時는 丁卯時가 된다는 뜻이니 시두법만 암기하면 쉽게 해결되리라 수장으로 하라.

(6) 12節(절) 암기법
12절기를 암기하면 알기 쉬운 문제가 있는데 正月 어느 날 태어났더라도 立春을 지난 후가 그 당년해가 되어 태어난 사람이다. 만약 正月에 出生했더라도 立春전에 出生했다면 작년 12月에 出生하였으니 작년 태세와 작년 12月의 월건을 쓰는 것이며 가장 중요한 것이니 참고해두기 바란다.
正月은 立春, 2月은 驚蟄, 3月은 淸明, 4月은 立夏, 5月은 芒種, 6月은 小暑, 7月은 立秋, 8月은 白露. 9月은 寒露, 10月은 立冬이며, 11月은 大雪, 12月은 小寒을 지나야 12月에 출생한 사람이라고 四柱정리가 되는 것이다.

(7) 합(合)이란 무엇인가?
合에는 天干合 地支合 三合 방합 등이 있는데 우선 天干合부터 정리 해 본다.

* 天干 合

甲己合 土가 되며 매사가 정도에 맞는 合이다.
乙庚合 金은 어질고 의리 있고 신의가 있는 合이다.　丁壬合은 호색가이며 응큼하다.
丙辛合 水는 엄격하며 고집이 있고 강직하다.
戊癸合 火는 인정머리 없고 정이 없는 合이다.
天干 合은 사주를 정돈해 놓고 合이 있는가를 찾는 것이다. 그 合에 따라서 그 사람의 성격을 알수도 있겠으나 합이 되어 나온 오행을 사주팔자에 추가 하여 감정하는 것이다.

* 地支 合 (지지 합)

地支12개 중에서 반이 모두가 合이 되는 것인데 子丑合 土, 寅亥合 木, 卯戌合 火, 辰酉合金, 巳申合 水, 午未는 合이 되지만 오행은 나오지 않는다.

합이란 암합과 밝은 合이 있는데 암합이라면 서로 상대가 있어서 合이 되는 것을 말하며 밝은 合은 (명합이라고도 함) 여러 많은 사람과 서로 합쳐서 일을 성사하는 合이라고 하는데 명합이나 암합이나 모두 합하여 나온 오행도 사주 감정할 때 추가 하여 사주를 보는 것이니 사주 팔자가 아니고 사주 10자도 될수 있고 사주 오행이 12개 14개 등이 될 수도 있으니 모두 놓고 길흉판단을 하는 것이다.

사주 볼때 육친으로 才星이 사주 일주와 合이 되어 또 재성이 나왔다면 반드시 아버지가 둘이든지 장가를 두번 가든지 횡재가 있든지 등으로 감평하면 적중률이 대단하다.

명합은 앞에서 기술되었으나 合은 어떤 것을 말하는가 合은 卯申(乙庚), 子巳(戊癸), 寅丑(甲己), 亥午(壬丁) 등이 되는데 사주에 卯年 申月에 태어났다면 卯에는 장간 甲乙이 있고 申에는 戊壬庚이 암장된 장간이 있으니 卯장간 乙과 戊장간 庚과 合이 된다는 뜻이다.

천지 合이란 合도 있는데 癸巳는 戊가 천간에 있으면 천지 합이 되는데 이유는 巳에 장간이 戊庚丙이 들어 있으니 戊癸 合이 되기 때문이다.

또는 丁亥는 壬이며 戊子는 癸이며 이것을 스스로 붙였다 하며 天支 암합도 있는데 사주에 甲日生이 丑月이 된다든지 年時가 될 때도 丑에 癸辛己가 암장 되어서 甲己가 合이 된다는 것을 말하는 것인데 乙申은 庚이요. 丙酉가 있는 사주는 辛이 있으면 간지 암합이 있고 丁亥

는 壬이며 戊子는 癸이니 이상과 같이 合이 되어 나오고 없는 오행중에서 나온 사주라면 모든 오행이 다 있는 것으로 판단한다.
合을 왜 이렇게 복잡하게 찾는가 하면 사주팔자에서는 오행이 없다고 하면 그 오행의 장이 없는 사람이 되니 장수하지 못한다. 그러나 天干合, 地支合, 방합 등에 五行이 나왔다면 五行이 없다고 못한다.

* 三合이란 무엇인가 ?
사주 內에 寅午戌이 있으면 오행 火가 나오며 申子辰하면 水가 나오고 巳酉丑하면 金이 나오며 亥卯未하면 木이 나오는데 중간 五行이 튀어 나온 것이며 寅午 2자만 나오면 준三合이라 하며 五行을 하나 더 추가 하는 것이다.
午戌 두자만 있어도 火가 하나 더 푸라스 되는 것이다.

제 4장 사주 정리법

첫째 천세력이나 만세력을 준비 한다.
가령 戊寅年 4月 6日 辰時生이라면 1938년도

의 페이지를 찾아서 戊寅年 4월의 절기가 언제인지 보고 나서 전이기 때문에 丙辰月 丁酉日 甲辰時 등으로 표출한다. 여기에서 주의점은 필히 절기를 지났는지 안지났는지를 참고 하여야 하는데 추송학 저서 천세력을 본다면 1938년도에서 4월 6일을 본다면 戊寅은 무조건 年柱가 되지만 月建을 찾을 때는 6日生 날자에서 뒤로 가까운 절기가 月건이 되니 생일에서 6, 5, 4, 3, 2, 1, 30, 29, 28, 27, 26식으로 뒤로 절기까지 보면 되니 그 절기가 月건이 되며 생일은 그대로 6日 日辰을 쓰면 되고 時頭(시두)는 시두법에서 찾아 계산하면 되는 것이다.
이상으로 사주 정리하는 법도 이해한 것으로 간주하고 다음으로 나가겠다.

(1) 五行 상생과 상극
* 상생
木生火, 火生土, 土生金, 金生水, 水生木 등이 되는 상생이라면 서로가 생해 준다는 뜻도 되지만 그렇지가 않다. 木生火하면 木이 火를 生해주고 木은 火에게 힘을 빼앗기게 된것이다.

즉 泄氣(설기)를 당하였다고 한다. 木의 힘이빠지게 되고 火는 힘을 모두 얻어서 힘이 강해지는 것이니 火가 木을 죽이는 것과 같이 된다. 그러나 木이 2개 3개가 있을 때 火가 하나라면 木의 힘을 빠지게 할 수가 없어서 木이 반대로 힘이 더 강하게 된 것이지 힘이 모두 빠진 것이 아니라는 뜻이다. 火生土하면 火가 土에게 泄氣 당해서 火는 힘이 없고 土가 힘을 받아서 힘이 강해진 것으로 간주하는것이 상생의 원칙이다. 그러나 火가 土를 생한다 해도 火는 적고 土가 더 많다면 火는 土에게 너무 힘을 빨아 먹히게 되니 火는 죽고 土는 살게 되는 이치가 상생에 원리라고 칭할수 있다.

가령 火는 하나 뿐인데 土가 3, 4개가 있다면 火는 장수 할수 없는 것이고 중화 즉 木이 있어서 火를 떠받쳐주지 않으며 火는 반드시 단명하게 되고 큰일한번 해 보지 못하고 살다가 인생을 마치게 되는 것이다. 세상만사 모든 것이 서로 적당하게 이루어져 있을 때 모든 것이 순탄하다는 것을 먼저 연구해 두어야 한다.

* 상극 (相剋) 이란 무엇인가?

木剋土, 土剋水, 水剋火, 火剋金, 金剋木이 상극이 되는데 木극土하면 木은 힘이 있었서 土를 극한다. 土는 맞아 죽는 것과 같은 이치가 되지만 木이 많고 土가 적을 때는 土는 극을 당하여 죽는다. 그러나 木은 적은데 土가 많다면 반대로 木이 죽는다. 계란을 가지고 돌에 던지는 것처럼 계란이 깨어질 것이 아닌가 큰돌을 가지고 작은 돌에 던지면 작은 돌이 부서질 것이다. 이런 이치를 깨우친다면 명리의 해설법도 쉽게 깨우칠 것이라 본다.

(2) 12운성법

12운성이란 인생 생활의 윤회법이라 생각 하면 된다. 인생이 태어나서 깨끗이 씻고 장성하다가 나이다 들면 쇠퇴하여 병이 들고 병이 나면 자동적으로 황천을 찾는 것이 인생의 행로이다. 즉 그것을 묘사한 것이 12운성이요 윤회법이라 하는 것이다.

사주 日天干을 주동해서 찾는 것인데 첫째 암기 할 것이 있다. 암기 할 것은 甲亥, 乙午, 丙戊寅, 丁己酉, 庚巳, 辛子, 壬申, 癸卯를 암기하여야 한다. 즉 보는 법은 四柱 日天干이 甲日이 되는 사람은 亥가 생이오, 子浴이며, 丑帶이며, 寅은 冠이며, 卯는 旺이며, 辰은 衰이며, 巳는 病이며, 午는 死이며, 未는 葬이고, 申은 胞이며, 酉는 胎이며, 戌은 養이다.

이런식으로 12운성이 성사 나열 되는 것이며 그 중에서 가장 뿌리가 없는 글자는 衰, 病, 死, 葬이 된다. 이외는 그래도 다 뿌리가 있는 것으로 보면 된다.

* 12운성의 개별적인 뜻은 다음과 같다.

장생(長生) =수명이 있는 것을 말한다.
목욕(沐浴) =바람이 많으며 인내심이 없다.
대(帶) =강직한 고집쟁이다.
관(冠) =건록이라고 하는 글자이니 재복 있다.
왕(旺) =힘이 왕성한 지휘 능력이 있다.
쇠(衰) =쇠약해진 상태이다.
병(病) =힘이 없는 80世노인이다.
사(死) =모든 일이 중단된 상태이다.
장(葬) =끝이 났다는 허무한 상태이다.
포(胞) =앞뒤를 볼 능력이 없고 끝났다.
태(胎) =지금은 나빠도 후에는 길할 것이다.
양(養) =마음은 힘이 생기나 순조롭지 못하다.

(3) 월율 분야 (月律分野)란 무엇인가 ?

 월율분야란 장간에 2개 3개씩 있는 천간을 불리해서 처리한다는 뜻이다. 다시 말하면 겨울, 여름, 봄, 가을 등 모든 철이 다르듯이 나누어 보는 것을 분야라고 칭하는 것인데 매월마다 절입이 든 것을 절기든 날부터 정기, 중기, 여기식으로 날자를 분리해 본다는 뜻이며 특별한 뜻은 없는 것이다.

초보자를 위해 다시 한번 설명 하겠다.

예를 들면 寅月에는 장간이 戊丙甲이 들어 있는데 입춘시간부터 대략 7日까지는 戊土의 기운이 있으며 8日째부터 또 7日까지는 丙火의 기운이 작용하고 있으며 그다음 卯月 절기든날까지는 甲木의 기운이 작용하고 또한 왕성하다는 뜻이다.

이상과 같이 천간의 五行이 활동하고 있다는 것을 월율분야라고 하는 것이다.

또는 여기(餘期)란 말이 있는데 여기란 지난달의 천간 오행의 기운이 이월되어 있다는 뜻을 여기라고 하는 것이다.

중기란 말은 무엇인가 ?

이름 그대로 여기에서 정기의 중간 정도로 생

각하면 될 것이고 중기란 천간과 천간이 합이 되어 변화되는 것을 중기천간이라고 한다.
정기란 말은 무엇인가 ?

사주에 地支에서 나온 천간이 본지지의 오행과 같은 오행을 말한다. 이 오행은 강한 오행이라고 한다. 또는 당령(當令) 월령(月令) 등으로 단어도 있는데 가장 힘이 강한 뜻을 지니고 있다

(4) 공망이란 무엇인가 ?

공망은 공허하다 없어져 버린다는 뜻이며 빈 집으로 만드는 역할을 하는 것이고 빈집이 된 후에는 다시 그 집이 채워지는 것이니 空亡이 된 곳이 어떠한 양인살이나 白虎살이나 三刑殺이 된다면 그 空亡된 곳의 五行이 克하는 그 육친이 하나 더 있는 것으로 보는 것이니 없어져야 새로운 사람이 생긴다는 뜻도 되며 없는 비어 있는 집이 있어야, 그 집주인이 새로 생긴다는 뜻도 되는 것이니 이 세상에 모든 것이 없어지게 하는 것을 말한다.
사주 내에 나쁜 신살 예를 들면 백호살이나 삼형살 등이 공망이 되었다면 살이 없어진 것이

니 좋은 사주가 된 것이고 천을귀인 천덕귀인 등 좋은 복신이 공망이 되었다면 나뿐 사주라고 평하는 것이다.

특별한 점이 있다면 사주 內에서는 공망을 하는데 대운에 천간과 地支는 공망이 되지 않는다는 점이다.

또는 공망은 日주를 주동하여 年, 月, 時에 공망을 보는데 地支가 공망되면 그위에 天干까지 같이 육친까지 공망이 되는 것을 잘 보아야 한다.

공망 보는 법의 원칙은 육갑을 암기 한 후 처음 갑에서 시작하여 다음 甲 乙 되는 천간 밑의 지지에 글자가 공망이 되지만 암기하기 힘들면 쉽게 하는 법이 있다. 왼손 수장으로 甲子, 乙丑, 丙寅, 丁卯, 戊辰, 己巳, 庚午, 辛未, 壬申, 癸酉의 일주가 되는 사람은 가령 甲子日이라면 癸酉가 끝난 후 다시 甲戌, 乙亥가 되니 戌字와 亥字가 공망이 되니 사주 어느 곳에 있어도 戌亥는 공망이란 뜻이다.

(5) 상충(相沖)살이란 무엇인가 ?
상충살은 이별 쫓아 버린다는 등의 해설이 있

는데 천간 沖과 地支沖이 있다.
* 천간충은 甲庚沖, 乙辛沖, 丙壬沖, 丁癸沖, 戊甲沖, 己乙沖, 庚丙沖, 辛丁沖, 壬戊沖, 癸己沖이 되는데 陽과 陽이 沖되는 것은 힘이 강하고 음과 음의 충은 힘이 약하고 사주에 甲日生이 庚月이라면 沖이 되지만 庚字 밑에는 病이 붙었고 甲字 밑에는 旺이 붙었다면 오행으로 木을 金을 감당 못하지만 뿌리가 튼튼하기 때문에 부모 형제는 월주이니 월주가 沖을 맞게 되는 것이다.
* 지지충이란 子午沖, 丑未沖, 寅申, 卯酉, 辰戌, 巳亥 등이 沖이 되는데 역시 이별한다는 뜻이 되는데 이별만하는 것이 아니고 앞날을 위해 기운을 북돋아 주는 기운을 힘차게 만들어 주기도 한다는 뜻이 되기고 한다.
예를 들면 月柱 지지가 辰 戌 丑 未月이라면 沖이 되는 년에 창고 문이 부서지고 창고로 드나 들 수가 있고 돈이 모일수도 있다는 뜻이 있기 때문이다.
가장 중요한 것은 四柱 일주가 월지의 생을 받든지 다른 곳의 오행이 日천간을 생하는 것이 3개 이상이 있든지 일주 밑에 12운성의 왕,

생, 대 등 뿌리가 살아 있으면 沖은 큰 피해가 없으며 빨리 실패하는 일은 없는 것이다.
사주의 寅日생이 申을 만나면 沖이 되는데 寅午戌生이 申이 역마살이 되면서 沖이 또 되는 것이므로 화려한 역마충이라고 이름 부르기도 하며 이때는 이사 변화 변동의 일이 발생한다. 巳日생이 亥가 沖이 되는데 내가 충하면서 역마살을 만들었으니 나는 역마를 당한 것이 아니므로 沖되는 곳에 문제가 되니 다른 사람이 다치든지 떠나가든지 하는 일이 발생한다고 보는 것이다. 만약에 운로가 좋은 해에 역마살이 되는 해라면 외국에 가든지 타향에서 좋게 돈 버는 일이 발생한다. 子日생이 午가 타주에 있어서 沖이 되면 이별 하였으니 변동이 발생 할 것은 당연하지 않겠는가.
卯酉沖이 될 때는 卯日은 내 몸이며 木인데 酉는 타주에 있으면서 金이 되며 극해오는 것이니 내가 충을 당하여 뛰쳐나가는 운이 되니 외국에 출국하든지 자리를 변동하게 되는 것이다.
사주 운명 감정 할때에도 沖을 보는데 당년태세 지지가 年주 지지를 沖하면 하는 일에 변화가 있고 月주 지지를 충하면 집 이사 문제가 생기고 日지지를 沖하면 집 나갈 일이 생기고 時支를 沖하면 子孫과 이별하는 일이 발생한다.

사주 감정할 때 사주 일주를 당년 태세가 천간도 沖이 되고 지지도 충이 되는 년에는 용신년이 되고 좋은 해라고 하여도 天地沖이라하여 하는 일에 파란이 많은 해이다.

沖은 陽충이 되는 년에는 실패가 대단하며 陰과 음끼리 충되는 것은 사주 운로가 작게 沖의 역할을 당하게 된다.

사주에 겁살이나 망신살이 충이 된 사주는 그 사람은 범죄를 저지를 일이 있는 사람이며 四柱 日柱에 12운성에서 死 葬 胞가 붙으면 병을 오래 갖고 살게 된다.

사주에 용신이나 한신이 沖 되는 年에는 운로나 모든 면에서 실패 운으로 간주한다.

사주 볼 때 사주에 역마살이 있는데 역마살이 沖이 되면 그 沖 되는 곳의 육친이 떠돌아 다닌다.

사주에 양인살이 沖이 되면 파란이 많고 언제 가장 나쁜가 하면 양인살이 되는 年에 가장 나쁘다.

사주에 沖도 12운성에 뿌리가 있으면 沖에 역활이 심하게 되지만 沖되는 곳이 뿌리가 없으면 沖이 되어도 무사하다.

사주에 辰 戌 丑 未月에 출생한 사람은 잡격이라고 하지만, 이때는 沖되는 年에는 좋은 운이라고 한다. 창고를 부수고 금은 보화가 왔다 갔다 한다는 뜻도 된다.

(6) 상파살(相破殺)은 어떻게 작용 하는가 ?

상파살은 子와 酉가 만나면 상파살이 되고 寅亥, 丑辰, 午卯, 未戌, 申巳가 만나면 파살이 되는데 보는 방법은 사주 일주에 가령 子日이라면 子는 陽이다. 陽은 손 수장 금에서 子가되는 좌손에서 뒤로 세 번째 마디가 파가 되고 일주가 丑이 되면 음이며 陰은 앞으로 되는 곳에서 세 번째 마디가 되는 곳이 파살이 된다. 파살은 수술 한다. 또는 몸을 파괴시키게 된다는 뜻인데 사주에 해당한 곳에 그 육친이 다친다는 뜻도 된다. 파살도 12운성에서 병, 사, 장, 포가 해당하면 작용력이 약하고 공망이 되어도 작용력이 없다.

사주에서 年이 파가 되면 조상이 몸을 다쳤고
월주가 파가 되면 부모 형제 중에 몸 다쳤고
일주가 파가 되면 부부간에 다쳤고
시주가 파가 되면 자녀들이 다친다.
또는 육친으로 편관 정관 등이 破살에 해당하면 공직자는 직장을 버리고 가게 되고 사주에 편재, 정재성을 당년 태세가 파시키면 처궁 재정면에서 손재 수술 등이 발생한다.
또는 오래 병중에 신음하던 사람이 당년 신수 볼 때 日주가 子가 되고 당년 태세가 酉가 되는 식으로 파가 되면 중병도 완치된다고 하는 것이다.
또는 사업가 영업하는 사람 등은 사주 년주 지지를 당년 태세가 파가 되면 직업에 변화가 생겨서 다른 것을 선택하게 되는 상이다.
그러나 파살은 보는 법이 이렇게 다양한 것인데 무조건 나쁜 것이라고만 단정하지 않는것이 원칙이다.

(7) 해살(害殺) 이란 무엇인가 ?
손바닥 수장으로 마주 보는 것인데 子未, 丑午, 寅巳, 亥申, 卯辰, 酉戌이 해살이 된다.

해살이란 남을 해한다. 내가 해를 당한다는 뜻이 된다.

가령 나는 子생이며 상대는 丑생이며 두사람이 합이 되어 서로 만나서 하는 일이 잘되는 시간에 난데없는 未생이 나타나서 같이 일을 하게 되었다면 子와 未가 해가 되면서 丑과는 沖이 되니 두사람에게 피해를 가하는 형식이니 나쁘게 일이 해가 되는 것이다.

감정할 때는 丑은 三合에서는 金局이 되는 글자이고 午는 火局을 만드는 글자이기 때문에 火와 金은 상극이 되니 싸우는 상극이 아니겠는가.

子未 해는 子는 水며 未는 土이니 상극이 되는 것이 아니겠는가.

寅巳 해는 寅은 火局에 해당하고 巳는 金局에 해당하기 때문이다.

卯辰 해살은 木土가 만나니 상극이 된다.

이런 식으로 해롭게 되는 것이다.

(8) 역마살이란 무엇인가 ?

※ 역마살이란 三合의 첫째 글자와 충 되는 글자인데 가령 寅午戌 三合에는 첫째 글자 寅자

와 충 되는 申이 있으면 역마살이 되며 申子辰 하면 申과 충 되는 寅이 역마살이 되는 것이다.

역마살은 떠나다, 다닌다는 뜻을 말하며 12운성에 나쁜 글자 병, 사, 장, 포가 해당한 역마살이 되면. 병마라 하고 뿌리가 있는 생, 왕,대 등이 있는 곳에 역마가 되면 멀리가는 말이라 하는 것이니 12운성의 뿌리 없는 말은 달리지 못하고 쉬고 있는 말이니 역마살이 있어도 없는 것이나 다름이 없다는 뜻이다.

※ 역마살과 다른 주와 합이 되면 어디로 달리려고 준비하고 있는 말이라고 하며 역마살이 다른 기둥과 상충이 되는 역마살은 분주하게 다닌다는 말이라 하는 것이다. 분마라 한다.

 역마살이 용신이 되는 오행이 되면 다니면서 돈 잘 버는 역마살이 되지만 기신이 되는 오행이 역마살에 해당하면 돌아다니면서 돈만 쓰는 나쁜 역마살이 되는 것이다.

역마살이 상관이 되는 오행이든지 편관이 되는 오행이 된다면 역마살이 있어서 매사가 되는 일 없이 풍류를 당하게 되는 것이다.

※ 사주에 역마살이 다른 기둥과 합국이 되어

서 용신, 희신으로 되는 오행이 새로 나온다면 영전도 하고 승진도 하는데 보는 법은 당년 태세가 사주에 역마살과 합이 되어서 변해 용신이 되는 오행이 나왔을 때는 승진한다는 해로 보는 것이다.

역마살은 원칙적으로는 반안살에 해당한 오행인데 역마살이 다른 주와 해살이 되면 반대로 나를 돕는 역마살이라고 하기도 한다.

※ 사주에는 역마살이 없는데 일년 신수 볼 때 역마가 되는 해에는 학생은 학업의 성패가 달려 있고 직장인은 직장에서 좌천이나 승진인가를 가름하는 해인데 보는 법은 당년 신수에 역마년이 된다면 그 역마 되는 오행이 용신, 희신년이 되면 승진이며 기신, 구신년이 되면 떨어지고 좌천되는 해이다.

나이가 많은 60을 넘은 사람이 역마살이 되는 해는 역마살 되는 오행이 길한 오행이면 무사하지만 기신과 같이 나쁜 오행이 되는 년에는 중풍. 신경계통 등의 병이 오는 것이며 또는 대운에서도 역마 되면서 오행으로 기신년이 된다면 나쁜 운으로 간주한다.

※ 삼재 드는 해에 일주를 주동 하여 역마가

되는 해에는 하는 일에 변동이 있는데 나쁘게 심하게 변동이 발생한다.

사주 내에 丙申, 庚寅, 癸亥가 역마살에 해당한 사주는 역마살 이름이 재각마, 개두마라고 명칭을 하는데 재각마 개두마란 모든 일이 중간에서 사건이 발생하여 일이 망가진다는 뜻이 되니 나쁜 말이라고 한다. 운세가 나쁘게 된다.

※ 사주 볼 때는 사주에 역마살이 있으면 해설하는 것이 원칙이지만 일년 신수 볼 때는 일주를 주동해서 당년 태세가 역마가 되든지 사주 년지를 주동해서 당년 태세가 역마가 되든지 할 때 申子辰생이 寅년을 만나면 역마년이 된다. 이런 역마는 한 가족 모두에게 사고 나는 해이니 가족끼리 차타고 다니지 않는 것이 좋을 것이다.

사주에 丙申이 역마인데 사주에 火의 오행은 많은데 水가 되는 오행이 없다면 병든 역마라고 한다. 즉 병든 말이라고 한다.

※ 사주에 역마 되는 오행이 용신, 희신이 되고 천을귀인이나 암록 등이 붙든지 12운성에 뿌리가 살아있는 생, 왕 등에 해당한다면 출세하는 고관이 되는 말이라고 명칭 한다.

※ 사주에 정관이 되는 글자 오행이 역마가 해당하면 운수업 무역업. 광고업. 교통직업에 종사하게 되며 사주에 식신이 되는 곳이 역마살이 되면서 문창성에 해당하면 국가에서 부르는 큰 학자가 되는 것이다. 출세한다.

※ 사주에 역마살이 되는 오행이 金이면 자동차를 뜻하고 역마살 되는 오행이 水가 되면 배를 뜻하고 木이 역마가 되면 사람이 끌고 다니는 손수레를 뜻하며 역마살이 火가 되는 오행이면 비행기를 뜻하고 용신이나 희신이 되는 오행이면 오행에 따라 직업이 맞는다고 본다. 가령 火가 역마가 되면 비행기 조종사가 맞는 직업이다.

※ 사주에 역마살이 水가 될 때는 水는 흐르는 물이고 빠지는 곳이기 때문에 水가 또 많은 사주는 물에 빠질 염려가 있으니 조심하여야 한다.

火가 역마가 되면서 火가 또 많은 사주는 비행기에서 떨어 질 수 있으니 조심하라

사주에 역마는 오행이 골고루 있어야 역마살로 피해를 입지 않는 것이다.

※ 사주에 역마살 되는 기둥이 뿌리가 죽은

사, 병, 절 등이 해당하면 병마라고 하여서 한 평생 하는 일이 바쁘기만 하고 모든 일이 처음은 무사하나 다음은 실패한다.

※ 사주 신수 볼 때 역마살이 당년 태세와 슴이 되며 오행이 변화가 생겨서 길한 용신으로 오행이 변하면 바쁘게 성공하지만 나쁜 기신으로 변동이 된 오행이 나오면 모든 일이 열심히 하다가 실패로 돌아가게 된다.

※ 사주에 역마살이 충살이 되면 속히 실패하게 되며 좋은 용신 오행이 되면 속히 성공하게 되는 것이다.

※ 사주에 역마살이 공망이 되면 쉬고 있는 공망살을 당하지 않고 쉬고 있지만 충이나 형이 되는 년을 만나면 공망이 쉬고 있다가 정신이 들면서 역마살이 살아서 움직이게 되는 것이다.

※ 운명 감정 할 때 일년 운에서 역마가 되는 년에는 사주에 용신과 합이 되는 역마는 크게 발전하게 되고 사주에 흉신과 합이 되는 역마년에는 하는 일이 변동도 되지만 마음에 상처도 심하게 당하게 된다.

※ 여자 사주에 도화살과 역마살이 다 같이 있

는 사주는 그 자체가 바람과 가는 것과 같이 있는 것인데 특히 기신년이 되면 남편과 생이별하고 바람나서 집을 나간다.

※ 사주 볼 때 월 일 시에 귀인이 되면서 역마살이 된 것을 우두머리 역마라 칭하는데 크게 발전이 되기도 하는 역마이다. 사주 월주 지가 역마가 되든지 일주 지지가 역마가 되면 관록마라고 하여 관직에서 출세도 하는 말이 되기도 한다.

※ 역마가 되는 곳의 천간이 庚辛 또는 양인살이 되고 납음오행으로 金이 되는 것은 출세하는 역마라 하여 크게 출세하기도 한다. 역마 있는 사주에 그 주가 일주 기둥과 干合이 되든지 지지합이 되면 멀리 달리는 말이라고 하여 외국에 나가서 사는 역마라 하며 또 역마가 귀인까지 같이 있게 되면 관직으로 크게 출세하게 된다. 또는 일주와 시주가 역마가 되면서 시주를 극하는 오행이 되면 시에 관귀가 되면서 자녀가 나쁘게 되는 역마살이 되기도 한다.

※ 생일을 주동하여 년주가 역마가 되면 만약 년주에 편인이 있는 사주는 재산 실패를 연속하는 사주이다.

※ 일주를 주동하여 월주가 역마살이 되면서 일주나 시주는 목욕살에 해당하면 평생 실패가 많은 사주가 된다. 초년, 중년, 말년만 따지면 된다.

※ 역마살도 독특하게 매사에 장애가 많다고 하여 장해마란 이름을 붙인 역마살이 있는데 장해역마살은 천간으로도 보는데 년주가 巳 酉 丑인이 되는 사람이 사주 천간에 어느 곳에 있더라도 壬癸가 있는 것도 역마살이 있는 것이고 亥 卯 未 年이 되는 사람은 丙 己가 있으면 장해역마살이 있으며 申 子 辰년이 되는 사람은 甲 寅이 되는 기둥이 있을 때이고 寅 午 戌 년 생이 되는 사람은 庚 辛이 있으면 역마살이 있다고 말하며 하는 일마다 되는 일이 없는 사주라고 한다.

※ 운명 감정시 사주귀인 역마란 것이 있는데 역마살 되는 사주 기둥에 천을귀인이 같이 있을 때는 귀인 역마라고 칭하는데 이것은 높은 관직에 있게 되는 사주라고 칭하는 것이다.

※ 사주에 역마살이 길하게 작용 할 때와 나쁘게 활동하는 지지는 다음과 같다. 사주에 일주를 주동하여 申이 역마가 된다면 언제 길흉이

작용하는 가는 巳 酉 丑 申년 월이 될 때 일이 생긴다.

사주에 寅이 역마살이 된다면 亥 卯 未 寅년이나 월이 되는 때에 길흉화복의 일이 발생한다. 巳가 역마살이 되는 사주는 寅 午 戌 巳가 되는 년이나 월에 가서 길흉사의 일이 발생한다. 亥가 역마가 되는 사주는 申 子 辰 亥년 이나 월에 길흉사의 일이 발생한다.

※ 사주에 역마살도 고장에 드는 해가 있는데 고장에 드는 해는 자금을 구할려고 외출 출타 하게 되는데 출행하여서 자금을 구해온다는 것을 말한다. 가령 사주에 역마살이 있는데 申이 역마가 되면 未년 未월에 고장에 해당하고 寅이 역마살 되는 사람은 辰년 辰월에 고장에 드는 해이며 巳가 역마살이 되는 사람은 丑년이나 丑월에 고장에 해당하여 亥가 역마가 되는 사람은 戌년이나 戌월에 고장에 든다고 하는 것이며 좋은 것이 된다.

(9) 분창성이란 무엇인가 ?

보는 법칙은 사주 일주 천간이 양 일때 12운성으로 생되는 글자가 충 되는 지지가 있으면 문창이 있는 사주가 되며 음이 되는 일간은 장생되는 글자가 그대로 문창성이 되는 것이다. 예를 들면 사주 일주 천간이 丙일이라면 丙일생은 12운성에 寅이 생인데 寅과 충은 申이니 申이 있으면 문창성이 되고 甲일주라면 亥가 생이니 巳가 문창성이 된다.

음일생 丁일생은 酉가 생이 되니 酉가 그대로 문창성이 되는 것이다. 乙日은 午가 생이니 午가 사주 내에 있으면 문창성이 있는 사주가 되는 것이다.

※ 사주에 문창성이 있으면 학문과 인연이 있는 공부 잘하는 사주라고 한다.

사주에 육친으로 식신이 되는 지지가 문창성이 되면 학교 선생님이 되는데 그 이유는 식신은 사업 직업인데 문창까지 붙었으니 공부 잘하는 사업가로 직업을 갖게 되다보니 선생님이 되는 것이다.

※ 문창성도 12운성에 뿌리가 튼튼하면 좋겠으나 뿌리가 죽어 있다면 문창성이 발전할 수가 없게 되는 것이다. 뿌리가 죽고 힘이 없는 글자는 병 사 장 포의 네 개의 글자이다.

※ 사주에 문창성이 있는데 그 문창성이 천을

귀인이 되든지 천덕귀인이 되든지 월덕귀인이 된다면 큰 학자로서 이름 널리 나게 되는 것이다.

※ 사주 년주가 12운성에 뿌리가 튼튼한데 문창성이 되는 년은 학교 선생이라도 중·고등학교 이상의 선생이 된다. 선생 중에도 교감, 교장이 된다.

※ 사주 일주나 시주가 뿌리가 살았는데 문창성이 되면 초등·소학교에 선생이 되는 것이다. 즉, 마음 자체가 약하다는 뜻도 된다.

※ 사주에 어느 곳에 있던지 문창성이 있는데 그 문창성에 관성과 같이 있는 사주가 되면 나라의 관록으로 성공한 사람이며 사주에 문창성은 있는데 정관 편관이 없는 사주라면 상업 아니면 농업인이라고 보는 것이다.

※ 사주에 모든 것이 적당히 있어야 좋게 되는 것과 같이 문창성도 1개정도 있고 왕쇠에 따르는 것이지 2개 3개 이상 식으로 문창성이 중복된 사주는 오히려 공부 못하여 학교도 못가는 사주라고 보는 것이다.

※ 사주 문창성도 오행에 따라서 달라지는 것인데 문창성이 오행이 水가 된다면 수산업에서

종사할 사주이며 金이 문창성이 되면 서양에서 박사 학위를 받을 사람이며 木이 문창성이 되면 산림청에서 직업을 갖는 사주이며 土가 문창성이 되면 농림산하 단체에서 생활할 운명이라고 판단하며 火에 문창이 되는 사람은 공업계에서 유명한 직책을 갖게 되는 운이라고 본다.

※ 육친으로도 문창을 보는데 육친에서 편재 정재가 문창이 되면 철 관계에서 직업을 선택하는 것이 길하다. 시계방도 길하다.

식신 상관이 문창이 되면 학교 교장, 학장 등 우두머리로 직업을 갖는 사주이다.

※ 사주에 문창성이 있는데 그 문창이 괴강살에 해당하면 약학 계통 또는 의학 계통에 교수직을 가질 운이다.

※ 사주 네 기둥을 가지고도 판단하는 법이 있는데 사주 년주가 문창성이면 그의 할아버지가 학자이고 월주가 문창성이면서 뿌리가 튼튼하면 부모나 형제 중에 학자가 있으며 일주가 문창성이 되면 본인이 학자 되든지 자기의 상대자가 학자이며 사주 시주에 문창성이 있는 사주는 자손들 중에서 학자가 있다는 뜻이다.

※ 사주에 육친 중에 상관이 문창이 되면 기능직, 광물학, 공학 박사 등이 된다.
문창성이 되는 곳이 양인이나 비인살이 같이 있게 되면(동주하면) 언론계에서 이름 내는 사람이라고 한다.

(예)
　辛 甲 丙 己
　未 子 寅 卯

　木火식신격 식신생재가 되는데 식신은 丙이요 巳은 문창이 되는데 지금까지 교육자로써 대학교수 생활 하였다. 丙을 (천간을) 지지로 바꾸면 巳가 되므로 문창성이 되는 것이며 丙은 밑에 寅에 12운성을 보면 生에 해당하게 되는 것이다. 이런 식으로 감정하면 되는 것이다.
* 공망이란 무엇인가 ?
(일명 천중살이라고도 하는 살이다)
공망이란 망하도록 공허하게 모든 것을 지운다. 없애 버린다 또는 공은 비었다는 뜻이 되고 망은 실패한다는 뜻도 되는데 몸은 있어도 알맹이 없는 비워버리는 것이 공망이다.

※ 사주보는 데서는 네 기둥에 지지가 공망이 되면 지지 위에 글자 천간도 같이 공망이 되는 것이니 그 육친이 공망을 맞는 것으로 간주하는 것이니 무조건 공망이면 지지만 공망이 되는 것이 아니란 것을 암기하여 두기 바란다.

※ 사주에 어떤 간지 중이라도 신왕하든지 득세한다면 공망이 되어도 모두 다 죽은 것이 아니고 반은 죽었고 반은 살아 있다는 뜻이 되지만 12운성으로 병 사 장 포가 붙어 있는 곳이 공망이 되면 공망 된 곳의 간지는 아무리 무서운 살이라도 없어졌고 즉 죽었으며 아무리 좋은 귀인성이 붙었더라도 공망이 되면 귀인도 따라 죽었다고 보니 그 사주는 귀인 없는 사주로 바뀌게 되는 것이다.

※ 사주 운명을 감평 할 때는 오행으로 水가 되는 곳이 공망이 된다면 水는 죽지도 않지만 흐르지도 못한다고 한다. 즉 가만히 있는 물이라고 하는 것이다. 다시 말하면 土가 되는 곳이 공망이 되면 土 때문에 水는 어느 곳으로 가지 못하고 土속으로는 들어 갈수 있다는 것이다.

※ 즉 사주 볼 때 土가 空亡이 되면 水는 흐르

지 못하고 土속으로 흡수가 된다.

※ 즉 사주에 공망된 곳의 오행이 金이라면 아무리 공망이 되었어도 소리는 나는 것이고 火는 공망이 되어도 빛을 낼 수 있으며 水는 공망이 되어도 흐를 곳만 있으면 흐르지만 水를 생해주는 오행이 없으면 힘이 없어서 흐르지 못하는 것이다.

※ 공망살은 완전히 공망이 되는 것이 있고 반만 공망이 되는 것이 있는데 반만 공망이 되는 것은 때를 만나면 공망이 없어지고 공망 되었던 곳이 살이면 살이 작용하고 복신이면 복신이 활동하여 주어서 길하게 작용이 되는 것이다.

※ 공망살은 沖이 되어서 공망이 깨지기도 하고 또 공망되는 년을 만날 때 출공 되기도 하는데 작용은 달리 발생하는 것이다.

※ 사주가 공망된 지지가 삼합국이 정식으로 이루고 있으면 공망이 안되며 육친은 공망을 당하게 되는 것이다.

사주 육합이 공망 되는 것은 그대로 공망이다. 그러나 육합이 공망이 될 때는 중간 정도만 공망이 된 것으로 간주한다.

※ 육친으로 관성이 되는 육친이 공망이 되었다면 부모덕 없고 관직과는 인연이 없으며 남자는 자식 덕 없고 여자는 남편 덕 없으며 출세할 뜻은 버려라. 평생 못 할 것이다.

※ 육친으로 재성이 공망이 되면 남자는 처덕 없으며 또는 이별하게 되고 재산도 모이지 않으며 한평생 돈 근심하게 된다. 또는 이별도 한다.

※ 육친으로 식신이 공망이 되었으면 남자는 사업도 안 되고 활동하는 힘도 없고 직업에 파란이 많고 성공을 못하며 여자는 자식과 인연이 없어서 생이사별까지 할 수 있게 된다.

※ 육친으로 인수가 공망이 되면 어머니와 생이사별하게 되고 학업도 중단하게 되고 인연이 없으며 학교를 졸업하였다 하더라도 성공 못하며 너그러운 자비심도 없는 사람이다.

※ 사주 년주나 월주가 공망이 되면 조상의 덕이 없고 조상의 고향과 인연이 없으며 부모와 인연이 없어서 조실부모 할 수도 있으며 초년에 고생도 많으나 출생한 고향을 떠나는 운명이다.

※ 사주 일주나 시주가 공망이 되면 일주가 년

을 주동하여 공망이 되면 상대방이 이별하든지 노년에 실패하여 승려 되기 쉽지만 시주가 공망이 되면 (일주를 주동한다)자손과 인연이 나쁘게 되어 고독하게 되어 산속으로 들어가는 일 생길 수 있으니 승려 팔자라고 하는 것이다.

※ 사주에 있는 역마살이 공망이 되면 역마로 인하여 바쁘게 다니는 일이 없어졌다고 하는 것이다. 그러나 사주 네 기둥 모두가 공망이 되면 오히려 좋은 사주로 변동이 되어 크게 되는 아들을 두는 팔자라고 한다.

※ 패망공망 (일명 호환공망이라고도 함)이란 공망이 있는데 甲子日생이 시가 壬戌시가 되는 식으로 되면 패망공망이다. 초년에는 무엇을 하여도 실패하게 되는 것을 말한다.

* 관공망이란 무엇인가 ?

12운성에 관이 건록이라 하는데 관이 공망이 되면 평생 재산이 없으며 겉으론 살고 있지만 알고 보니 속 빈 강정과 같으며 평생을 성공 못하고 살게 된다.

※ 사주에 육해살이 공망이 되든지 도화살이 공망이 되든지 화개살 천을귀인 삼기 학당 등

이 공망이 되면 사회를 등지고 수도생활로 직업을 잡게 되는 것이다.

※ 사주에 일주가 년을 주동하여 공망이 되면 고독한 것은 물론이겠지만 어머니가 둘이 될 수도 있고 객지로 떠돌아다니는 신세가 된다.

※ 사주에 기신이나 나쁜살들이 공망 되면 모든 그 살에 대한 살이 없어진다.

※사주에 용신이 되는 오행간과 지지가 공망이 되면 평생 고생하며 사는 인생이 된다. 사주에 용신이 태과할 때는 좋은 운으로 일생을 살게 되기도 한다.

※ 사주에 격국이 되는 기둥은 년 월 일중에 어느 곳에 격이 있다하더라도 공망을 보지 않는 것임을 명심하라.

※ 공망살은 당하는 곳이 당하는 것인데 즉 비겁이 공망이면 그의 형제가 공망 되어 덕이 없고 재성이 공망 되면 처와 아버지가 덕이 없고 관성이 공망이 되면 그 자식, 남편이 덕이 없으며 인성이 공망 되면 그의 모친이 무덕하고 식상이 공망 되면 남자는 하는 일이 안되고 여자는 자식의 덕 없는 인생이라 해석하는 것이다.

※ 사주에는 나쁜 오행이 있고 좋은 오행이 있는 법인데 나쁜 오행이 공망 되면 좋은 사주로 변화가 되지만 좋은 오행이 공망 되면 나쁜 사주로 전환이 되는 것이다. 공망은 충이나 형이 되면 공망도 힘이 약해지고 그 합국이 된 것이 공망이 되어도 공망은 큰 작용이 없어지는 것이다. 다시 말하면 흉신은 공망이 되어도 좋은 것이지만 충 형 합이 되면 공망을 힘 못쓰게 만드는 역할을 하니 흉신이 그대로 살아 있으니 흉신의 피해를 당하기 때문에 공망 된 곳이 충이나 형 합이 안되는 것이 좋을 때도 있고 나쁠 때도 있는 것이다. 다시 말하면 복신이 공망이 되면 나쁘게 되는데 충이 되면서 공망이 없어지는 반면에 복신이 살아있으니 좋은 사주가 되는 것이다.

※ 누구와 다툼이 있어서 송사 건이 발생한다면 상대자의 사주 일지에 공망 되는 날 송사 문제를 발기하든지 또는 재판을 하는 날이 공망이라면 그 상대는 지는 것이 되니 공망의 힘을 알 것이다.

※ 사주 생일도 공망이요 일주로 년도 공망이 되면서 충, 파, 양인살 등도 또 같이 있으면 남

자는 신체가 질병이 많은 허약체질이지만 여자는 남자를 무척이나 좋아하는 여성이라고 한다. 즉, 화류계의 직업도 좋을 것이다.

(10) 겁살이란 무엇인가 ?
 겁살 보는 법은 다음과 같다.
사주 일주지지를 위주로 하여 삼합을 계산한다. 일지가 삼합이 되면 삼합에서 나온 오행을 천간으로 바꾼다. 바뀐 후에 12운성으로 포가 (절이라고도 함) 되는 글자가 겁살이 되는 것이다. 예를 들면 亥 卯 未일, 일주 지지라면 木이 나오는데 천간으로 또 바꾸면 甲木이 된다. 甲으로 12운성을 보면 甲은 亥가 생이니 申이 포가 되어 申이 사주에 있으면 겁살이 있는 사주이다. 다시 말하면 申 子 辰日생이라면 水가 나오는데 水를 천간으로 바꾸면 壬이 되고 壬으로 申이 생이 되어 巳가 포가 되고 포가 겁살이 된다는 뜻이다.

※ 사주 감정 할 때는 겁살하면 이름이 나쁘니 여러 가지 설명들을 하고 있는데 사실은 겁살이란 자체가 뜻밖에 생각지도 않았던 일을 말하는 것이며 자기 일도 아니고 남의 일인데 남

의 일로 피해를 당한다든지 욕을 먹는 것을 겁살이라고 하는 것이다. 겁이란 자체가 겁나는 사람을 만났다, 겁나는 동물을 만났다는 등의 식으로 남에 일로 인해 내가 당한다는 뜻이다. 즉, 내부사건이 아니고 밖에 외부사건이다.

※ 사주에서 길신이 되는 오행이 겁살이면 사람 되기를 솔직하고 총명하여서 우연히 횡재도 하고 출세도 하는 사람이 된다. 무조건 나쁜 사주라고만 하는 살은 아니다.

※ 사주에 망신살이 있는데 또 겁살까지 있는 사주라면 다른 사람 때문에 피해를 보는데 죄도 짓지 않고 죄진 사람이 되는 것이니 억울하지만 서글픈 살이 되는 것이다.

※ 운명 감정 할 때 겁살은 속히 효력이 발생한다. 겁살이 일주와 시주에 있다면 평생 구설시비가 있으며 용신이 되는 곳이 겁살이 되면 무사하다. 또는 이사도 자주 한다고 본다.

※ 사주에 겁살이 있을 때 처궁이 겁살이 되고 겁살 되는 오행이 용신 또는 희신이 되면 처를 만난 이후부터 성공하게 되는 것이다.

사주에 겁살이 있는데 겁살이 되는 오행이 강한 사주는 직업도 역술가 철학 푸줏간 등을 하는 운이 된다. 보는 법은 일주를 주동하여 사주에서 찾는 것이다.

(11) 망신살이란 무엇인가 ?
망신살 보는 법은 사주 일주 지지를 삼합국에 연결시킨다. 그런 후에 三합에서 나온 오행을 천간으로 교환, 즉 바꾼 후에 음으로 생각한 후 망신은 왕이 되는 곳이 망신이 되는 것이다. 예를 들면 亥 卯 未日 생이 木이 나오면 음목 乙木으로 하여 12운성을 보면 午가 생이 되고 寅이 왕이 된다. 亥 卯 未日 생은 寅이 있으면 망신살이 있는 사주라고 칭하는 것이다. 예를 다시 든다면 申 子 辰일 생이라면 사주 내에 亥가 있으면 왕이 되면서 망신살이 있는 사주이다. 申 子 辰은 水국이지만 음수로 보니 癸水가 나온 까닭이다.

※ 사주 감정 할 때는 망신살은 살이 되는 오행이 용신 희신이면 성격도 좋고 언변술도 있고 사람이 무난하게 좋은 사람이라고 보지만 망신살 되는 곳의 오행이 기신 구신에 해당하는 사람은 남과 언쟁, 투쟁을 잘하며 사람이 겸손하지 못하고 자기만 큰 줄 아는 나쁜 성격

을 가지고 있는 사람이다.

망신살 있는 곳에 12운성에 왕 관 등 뿌리가 살아 있는 사주는 계산이 빠르다.

※ 망신살은 명칭을 관부살이라고도 하는데 이유는 사주에 망신살이 있을 때 관성이 길한 오행이 되면 높은 위치에 있게 되는 살이기 때문이다. 또는 사주 일주가 망신살이 되며 기신 구신이 되는 오행이면 몸에 이상한 일 즉 몸을 다치게 되는 살이 된다. 그러나 일주가 망신살이 되면서 희신 용신이 되면 처덕으로 돈도 생기지만 명예도 얻을 수 있는 운이다.

※ 사주에 어느 곳에 있더라도 망신이 있는 곳이 공망살이 해당하면 비밀의 여자를 두고 2개 있는 것은 부부 이별하게 되고 3개가 망신살이 있는 사주는 처는 악독한 여자를 만나게 된다.

※ 사주 일주에도 망신살이 있는데 시주에 또 망신살이 있는 사주는 주색잡기로 평생 실패가 많고 日천간이 약하고 망신살이 있는 오행이 강하게 되면서 또 다른 기둥과 합국이 되면 탤런트가 아니면 천한 운명이라고 본다.

※ 사주에서 겁살은 밖에 일로 근심이 있는 살

이고 망신살은 집안 일로 근심이 생긴다는 살이다. 사주 중에 망신살과 겁살이 같이 있는 사주는 다른 살이 또 있다면 단명하게 된다.

※ 사주 중에 망신과 겁살이 같이 있는 것은 흉살로 변동이 되는 살이며 반드시 재산 실패하게 되고 이때 삼형살까지 있으면 관액을 당하게 되어 승려가 되는 사주이며 가정불화 친척 간에도 서로 다툼이 있게 된다.

※ 사주에 망신살과 겁살이 있어도 납음오행의 오행이 살이 되는 오행을 극하면 더 나빠져서 가난하든지 단명하게 된다.

예를 들면 甲子는 납음으로 해중金이 되고 가령 일주 간지라면 己巳는 납음오행으로 대림木 하여서 木이 되는데 己巳가 겁살이라면 金이 木을 극하게 되니 살이 작용력이 더 강해진다는 뜻이다.

※ 사주에 겁살도 있는데 망신살도 또 있으면서 다른 곳에서 살을 生해주는 오행이 많으면 살이 왕성하게 되는 데 이때는 단명하게 되기도 한다. 악병으로 사망한다.

※ 사주 시주가 망신이 되고 일주가 겁이 되든지 어느 것이 어느 곳에 있든 간에 중복되어

있으면 바람 많이 피우게 되고 술중독으로 한 평생을 망한다. 이때 또 과숙살, 고신살, 격각살, 파취살, 대모살, 현침살 등이 사주안에 같이 있게 되면 가난하다가 수명까지 단명하게 된다.

(12) 암록이란 무엇인가 ?

日간이 甲일때 亥는 암록이며 乙日은 戌이고 丙日은 申이며 丁日은 未, 戊日 申, 己日 未, 庚日 巳, 辛日 辰, 壬日 寅, 癸日 丑이 암록이 되는 데 암록이란 글자그대로 숨어있는 록이란 뜻이다. 암록이 있는 사람은 어떤 어려운 위치에 당하여도 구원을 받게 되는 귀인이라 보는데 암록은 12운성에서 뿌리 있는 것을 원하고 병 사 장 포가 임한 것은 큰 힘을 발휘하지 못한다. 대운에서나 유년에서도 암록이 되는 운을 만나면 그때 귀인의 협조를 받는다.

※ 사주 육신으로 인성이 되는 오행이 암록이 되면 부모에게 어려운 일이 생길 때 부모를 도와주는 귀인을 만나며 재성되는 오행이 암록이 되면 처가 집안의 구조를 받으며 관성의 육친의 오행이 암록이 되면 관청에 있는 공인에게

서 또는 남편에게서 구조를 받게 되며, 비겁이 되는 육친의 오행이 암록이 되면 형제 친우의 협조를 받으며 편인의 육친의 오행이 암록이면 어머니 계모 서모 등의 협조를 받게 된다.
日 천간이 양이면 남자의 도움 받고 日 천간이 음이면 여자의 도움을 받는 것이다.
※ 사주 일주나 시주에 암록이 해당하면 밑에 사람에게서 도움을 받게 되는 것이다.
※ 식신이 암록이 되면 남자는 장인 장모의 도움 받으며 여자는 자손의 도움을 받아 어려운 일이 해결 되는 것이다.

(13) 천의성이란 무엇인가 ? (활인성도 된다)
사주 볼 때 일명 활인성이라고도 하는데 천의성이란 출생월 지지의 글자 전에 지지가 천의성이 되는데 예를 들면 출생월이 丑月이면 子가 천의성이고 亥月이면 戌이 천의성이 되며 천의성은 활인성이라고도 하는 말이며 남을 위해 봉사한다는 뜻이다. 즉 日천간이 음일생은 한의사가 되고 일천간이 양일이면서 천의성이 있는 사람은 약사가 되는 사주이다.
※ 사주 팔자에 활인성이 있는데 그 활인성 되

는 곳에 생이나 욕이 임하면 산부인과 의사나 산파라고 보면 된다. 또는 양인살이 같이 사주에 있는 사람은 외과의사라하고 그러나 사주에 편관이 없는데 인수도 없는 사주일 때는 정규 면허 없는 돌팔이 의사라고 간주하면 맞는다. 또는 사주 내에 辰戌丑未가 천의성되는 지지가 되면 한의사나 잡과에 해당한 돌팔이 의사라고 본다. 예를 들면서 해설 하겠다

戌 辛 乙 甲
戌 亥 亥 子

 이 사주는 상관격이 되는데 신약사주에 時에 戌이 활인성이 되는데 辰 戌 丑 未의 글자는 한의사라고 하였으니 직업이 한의사이다.

己 辛 壬 丁
丑 卯 寅 巳

이 사주는 월주지가 日천간으로 정재가 되니 정재격이 되는데 丁壬합 木이 나왔고 신약한 사주이며 월지가 활인성이 되며 정관이 巳丑合이 되면서 의사 팔자이다.

(14) 고신 과숙이란 무슨 살인가 ?

　남자 사주는 고신살이 홀아비되는 살이며 여자는 과숙살이 과부되는 살인데 약하게 살이되면 이별, 별거 등이 일이 있으나 살이 왕하면 사별하게 되는 살이다. 보는 법은 방합을 암기하여야 한다. 亥 子 丑은 水 방합이고 寅 卯 辰은 木국 巳 午 未는 火국 申 酉 戌은 金국이 되는데 고신살은 방합 끝에 자의 다음 순서가 되는 지지가 되며 과숙살은 방합의 첫째글자의 순서 앞 글자가 된다. 예를 들면 사주 년주 지지가 亥 子 丑년에 출생한 남자는 丑 다음은 寅이니 寅이 있으면 고신이 되고 여자는 亥자 앞에 순서는 戌이 되니 戌이 있으면 과숙살이 된다. 또는 巳 午 未년생 자는 남자는 申이 고신이고 여자는 辰이 과숙이 된다는 뜻이다.

※ 남자 사주가 고신살이 있다면 처가 상극되어 죽든지 별거한다는 살인데 남자에게는 약하든 강하든지 고신살이 있는 것은 싫어한다.

※ 여자에게는 과숙살이 있으면 물론 과숙살이 공망되든지 12운성에서 뿌리가 죽은 과숙이라 하더라도 남자에게는 기분 나쁜살이니 살왕인지 살쇠인지를 살펴야 한다.

※ 남자 사주에 고신살은 寅 申 巳 亥가 되는데 과숙살은 辰 戌 丑 未가 되며 고신 중에서도 巳亥가 가장 두려운 살이 되고 과숙은 辰戌이 과부된다는 나쁜살이 되는데 과숙살은 화개이라고도 하니 과숙살 있는 여자는 문장가가 되기도 하고 부하를 많이 거느리기도 하는 사주라고 보니 과숙 있다고 해서 남자에게는 나쁜 사주이지만 사업적인 면에서는 성공할수 있는 살이라고도 보는 것이다.

※ 남자 사주에 고신살이 있는데 화개살이 일주나 시주에 있으면서 화개살이 공망이 되면 스님되기 쉬운 팔자라고 한다.

※ 사주에 고신살도 있으면서 과숙살도 있을때 간지중에 합국이 되어 土격이 된다면 종교계 우두머리 또는 도인 등의 사람으로 대접받는 위치에 도달하게 된다.

※ 여자 사주 일주에 과숙살이 있는데 그 과숙살되는 오행이 사주에 기신 구신 등이 된다면 그의 남편을 반드시 생이사별 한다.

※ 여자 사주에 인수가 되는 육친이 과숙살에 해당하면 어머니가 과부라고 본다.

※ 남자 사주에 正財가 되는 육친의 오행이 고

신살에 해당하면 처와 이별하든지 별거생활하게 된다.

(15) 반음살과 복음살은 무엇인가 ?
반음살은 子생이 午년을 만나면 반음살이라하고 丑년생이 未년을 만나면 상충년이 되는데 상충이 되는 년을 반음년이라고도 한다.
복음살이란 子년생이 子년을 만나는 해는 지지자가 같은 글자를 만날 때를 복음이라고 하는데 반음이 되든지 복음이 되는 년에는 곡상사 즉, 가족 중에 죽는 사람이 있는데 다른 사람에게 해롭게 하고 복 입는 일이 생기는데 용신년이면 무사하지만 기신 구신년이면 당하는데 사주에도 丑日생이 다른 곳에 丑이 있다든지 寅일생이 寅이 또 있으면 복음살이라 하는데 복음살은 부부 이별하는 살이라고 한다.
반음과 복음살이 되는 년에는 지난날에 사건들이 다시 재발도 되고 하는 직업도 잘 되지 않는 등의 일이 생긴다.

(16) 태월이란 무엇인가 ?
인생에는 처음 생명체가 시작된 태월이 있다.

태월의 관계도 운명에 관계 되는 것이다.

※ 사람의 태월이란 부모가 나를 처음 잉태하는 시기를 말하는데 나에 생일이 가령 10월생이라면 사람은 열달 만에 가졌다가 낳는 것이니 생긴 달은 1월달에 생긴 사람이 되었다가 10월에 출생된 것이란 뜻이다.

어머니 배안에서 처음 생긴 그 달이 나에 운명의 시초가 되는 것이다. 보통 사람은 9개월에 출생되는 수도 있으나 10개월이 되면 누구나 다 태어나는 것이다.

※ 사주에 누구나 용신이 있다. 그 용신을 내가 처음 생긴 달의 오행이 용신을 생해주면 좋은 사주라고 한다. 만약 처음 생길 때의 월건이 사주에 용신을 충 파 해 등 하면 사주는 나쁜 사주라고 칭하는 것이다.

※ 처음 생긴 달을 태월이라고 명칭 하는데 사주에 일주를 주동하여 공망이 되면 모든 일이 안되는 사주라고 한다.

※ 사주 운명의 기본이 되는 태월의 간지지가 사주의 년주나 월주를 형 충 파 해하는 사주는 부모와 생이사별하게 되고 초년에 고향을 등지고 객지에서 자수성가하게 되며 초년 실패도

많은 사주이다.
※ 사람의 태월이 사주에 사주 일주나 시주를 형 충 파하면 나이 늙어서 고생을 겪으며 처자에 인연도 약하여 고생이 많다.
※ 태월의 간지지가 사주 일주와 시주와 삼자가 삼합이 되면 삼합 될 때 혼인한다.

(17) 刑殺이란 무엇인가 ?

(ㄱ) 지세지형살(持勢之刑)
寅巳 申巳 寅申 등인데 지세는 자기가 가장 강자라는 표현으로 상대를 눌러서 이기려하는 고집 강한살이다.
(ㄴ) 무은지형(無恩之刑)
丑戌 戌未 未丑이 무은지형살인데 은혜를 모른다는 살이니 이런 사람은 도와준다고 해도 뒤가 없는 사람이라 본다.
(ㄷ) 무례지형(無禮之刑)
子卯 卯子가 사주 日柱를 주동해서 있다면 예의를 모르는 몰상식한 사람이라는 뜻이다.
(ㄹ) 自刑살이란
辰辰 午午 酉酉 亥亥 사주에 두글자씩 있으면

서 12운성에 뿌리가 튼튼한 사람은 자기 고집으로 평생에 손해가 많다는 살이다.

(ㅁ) 三刑살이란

寅巳申 丑戌未가 되는데 사주 內에 3개의 글자가 있는 사주는 형무소 간다는 사주이지만 空亡이 하나 되면 삼형살은 없어지고 12운성에 病 死 葬 胞가 붙으면 형무소까지는 가지 않으나 관재는 당하게 될 것이다.

刑이란 형사다. 즉 형사는 법을 어기고 나뿐짓을 한 범법자를 구조하는 官吏이다.

교정 교도하는 책임자이다.

형살이 있는 사람은 첫째 法이요, 둘째 경찰, 셋째 형무관 등이 되는데 가령 四柱가 三刑이 모두 없고 寅巳 두글자만 있는데 申年을 만나면 정 삼형살이 되니 申年에 형무소 가게 되는 살이다. 사주 내에 삼형살이 모두 다 있다면 기신년에 형무소가는 나뿐해라고 보는 것이다.

형살이 되는 이유는 寅 巳 형하면 사중 경금이 寅中 甲木을 극하는 이치이며 寅巳 형하면 寅中 甲木이 巳戌土를 刑하는 형극이다.

형은 형사사건 수술 시비 관송 구설 등이다.

刑살은 三合을 마음대로 요리한다.

地支가 三刑이 되어도 三기 또는 천을귀인 월덕귀인이 동주하면 凶이 반감이 된다.

(18) 원진살이란 무엇인가 ?
원진은 子未 丑午 寅酉 卯申 辰亥 巳戌이 원진살인데 이 살은 남자 여자의 출생년 地支가 원진이 되면 서로 항상 원망하다가 이별하게 된다는 살인데 空亡이 되지 않으면 살이 살아있는 것이 되고 12운성에 병 사 장 포가 임하지 않아도 원진살은 힘을 발휘하게 되는 살이다.
원진살은 恩中仇害(은중구해)라 하며 은혜를 베푼 사람에게 배신하는 것과 같기도 하다. 원진은 害(해)의 의미도 된다. 원진은 큰 잘못이 없으니 보기만 하면 싫어지는 살로서 원망과 불평을 하는 작용력이 있는 살이다.
원진은 자기를 타인에게 이유 없이 미워하는 살이며 寅酉, 辰亥 원진은 특히 그러하다. 범은 닭을 잡아 먹지 않으나 닭소리를 싫어하니 큰 이유 없이 싫어하는 것이다.
丑 戌 未 三刑살도 무은지형의 뜻이 내포되어 있어서 친구 동료 등 친교 간에 배신하는 뜻을 지니고 있다.

대운이 용신과 원진이 되는 운이 와도 이와 같이 일이 발생하게 되니 무단히 타인을 미워하게 되는 것이다.

※ 원진살이 망신살이 또 되면 他人(타인)의 죄로 인해 큰 禍(화)가 오게 된다.

月 日支가 서로 원진이 되면 고부간에 불화 부모와의 불화가 생기며 日과 時支가 원진이 되면 자기와 자식간에 불화가 끊이지 않는다. 원진살은 원망 미워한다는 점을 명심하라.

(19) 양인살 (羊刃殺) 비인살 (飛刃殺) ?

(ㄱ) 양인살 보는 법은 四柱 天干이 陽이 되는 사람은 旺이 되는 地支가 羊刃이며 日天干이 陰日이 되는 사람은 帶에 해당한 地支가 양인살이 된다. 수장으로 암기하면 된다. 양인살은 피 흘린다는 살이며 수술 교통사고 당한다는 등의 살이다. 羊刃殺은 甲卯, 乙辰, 丙午, 丁未, 戊午, 己未, 庚酉, 辛戌, 壬子, 癸丑인데 空亡이 되어도 양인살은 없어지며 12운성에 병사 장포가 임한 기둥에 양인살이 있어도 그 양인살은 작용력이 약하다.

(ㄴ) 비인살이란 양인살과 같은 뜻을 지니고

있는데 보는 법은 陽日 天干 日柱는 12운성에서 胎(태)가 되는 곳의 地支이며 陰日 天干은 12운성으로 葬(장)이 되는 곳이 羊刃살이 되는데 비인살도 空亡(공망)이 되면 작용 못하며 12운성에서 병 사 장 포가 들어도 힘이 없는 살이 된다.

(20) 천을귀인이란 무엇인가 ?

일간	甲戊庚	乙己	丙丁	壬癸	辛
사주중	丑未	子申	酉亥	巳卯	寅午

天乙貴人은 日名 옥당성이라는 명칭을 붙이게 된 좋은 귀인성인데 가장 좋은 성이라고 한다. 天乙貴人은 만가지 재앙 흉신을 소멸시키고 吉하게 만들어서 두배 이상의 힘을 주게 하는 배加星이다. 天乙貴人은 吉星中 最上位星이다. 貴人星밑에는 12운성에 生 旺등의 吉한 12운성을 요구하며 死 絶 空亡 刑 沖 破 害 등이 되는 것은 貴人星이 힘을 발휘하지 못한다. 또는 貴人星은 合을 좋아하며 合이 되는 貴人성은 合貴라 한다.

※ 四柱에 甲子日生이 丑年을 만나면 合貴年을 만났다고 한다.

※ 四柱에 天乙貴星은 日柱나 時柱에 있는것이 大吉하고 다음 순서는 月에 있는 것이 吉하다.

※ 四柱에 天乙貴星은 같이 同柱 또는 같이 있는 死는 싫어하니 貴星이 두개 있는 사주는 없는 것과 같다.

※ 四柱볼때 冬至가 든 때의 貴星은 陽 天乙貴星이 吉하고 夏至 절기에 出生한 사람이 貴星이 있을 때는 陰 天乙貴人星이 吉하다.

※ 四柱가 남자 사주일 때는 陽 貴人星이 좋고 여자 사주에는 여자는 陰으로 태어났으니 陰天貴星이 좋다.

※ 四柱에 天乙貴人이 2개 또는 3개가 重疊하고 있는 사주는 남자는 청춘에 부부간 상처 생이별하게 되고 女子도 2, 3개씩 있다면 2번, 3번 혼인한다. 좋은 신 인것은 분명하지만 여러개 중첩하면 반대로 나쁘게 된다.

※ 사주 陽日 天干에 태어난 사람은 陰貴를 大吉로 하고 陰日 天干이 되는 사람은 陽貴를 大吉로 한다.

※ 四柱 年, 月에 있는 天乙貴人은 조상 부모

의 협조로 成功하게 되고 또는 선배 선생들의 협조가 있다.

※ 四柱에 日이나 時에 天乙 貴人이 있으면 남편 부부 동료 친우 부하 후배 자식 등의 도움으로 성공하게 되는 수 있다.

※ 四柱 대운이나 當年운 볼 때, 月운 볼 때, 日운 볼 때도 天乙貴人은 참작한다.

※ 四柱에 天乙貴人이 양인살을 만나게 되면 九死中 貴人의 協助가 성공이 된다.

※ 四柱에 天乙貴人星이 空亡이 되는 사주는 평생 공허한 인생으로 방황하게 산다.

※ 四柱에 天乙貴人星이 四柱에 있는데 貴人星이 되는 干地支가 官星이 되면 官綠을 오래 먹게 되며 官人의 협조 여자는 男便이 현귀하고 크게 출세한 남편이 된다.

※ 四柱에 財星이 되는 干地가 天乙貴人이 되면 남자는 현처를 만나게 되고 여자는 좋은 남편 만난다.

※ 四柱에 天乙貴星이 食神에 同柱하면 수명이 장수하게 된다. 또는 식록도 좋고 자식이 크게 성공한다.

※ 四柱에 天乙貴가 역마살에 해당하면 외국출

입 자주하게 되는 직업이나 명성이 크게 된다.
※ 四柱 印星에 貴星이 同柱하면 학문이 높고 인덕이 후하고 학술적으로 명성을 얻게 된다.
※ 四柱에 傷官이 貴와 同柱하면 여자는 子息이 크게 성공이 되고 남자는 박사 학위를 받고 또는 기예를 통달하는 사람이 된다.
※ 四柱에 망신이 貴가 되면 학문 출세한다.
※ 四柱에 三刑殺이 있는 柱에 貴가 同住하든지 삼형살이 있는데 天貴가 있는 사람은 만리를 호령하고 출세하니 육군 장군이 될수 있다.
※ 四柱 劫殺에 貴가 되면 歌舞人또는 巫女다.
※ 四柱에 桃花殺이 있는 사주에 天乙貴星이 있으면 酒色業으로 大成功하고 妻財를 크게 얻는다. (여관업 吉하다)
※ 낮에 出生한 時에 貴가 되면 밤장사가 吉하고 밤시에 출생한 사람이 天貴星이 있으면 낮에 영업하는 것이 吉하다.
※ 四柱에 陽日 天乙貴人은 남자 상대 직업이 吉하고 陰貴는 여자 상대 직업이 吉하다.
※ 四柱에 貴人星의 관계는 꼭 보아야 하고 협공 받는 것도 볼것. 이유는 다른 사람이 숨어서 협조하는 星인데 보지 않으면 사주가 틀려

진다. 예를 들면 甲子日 生이 寅月에 出生했다면 他柱에 丑字가 있다면 木에 협공 받는 것이 된다.

협공 받는것은 相극을 말한다.

※ 四柱 年月은 遠地貴人이라고 한다.

※ 四柱 日,時에 있는 貴人은 近地貴人이라 한다.

※ 四柱에 天乙貴人이 空亡이 되면 예능인 팔자다.

※ 四柱에 天乙貴人은 時에 있으면 他鄕에 나가서 이름 날리는 星이다. 예를 들면 乙丑日 出生者가 丙子時에 出生하였다면 陰日 天乙貴人星이 되는데 時에 貴星이 있으니 객지에서 이름 날리고 月, 年에 있으면 고향에서 이름날리는 貴人星이다.

(21) 天德 月德星이란 무엇인가 ?

어려운 일이 있을 때 도와주는 성이라고 하며 天恩星이라고 한다.

※ 간단히 말하면 어려운 일을 중간에서 해결 해주는 성이라고 하면 된다.

※ 天乙貴人의 다음으로 길한 성이 天德月德

星이라고 생각하면 된다.

※ 年柱나 月柱에 天德이 해당하면 부모 조상은 은덕이 있으며 日 時에 있을 때는 부부 자녀의 恩德이 있는 것이다.

※ 陽德은 男子 때문에 생기는 것이고 陰德은 女子 때문에 발생하는 것이다.

※ 모든 吉 凶星은 空亡이 되지 말아야 하며 空亡이 되면 吉은 凶하게 되고 凶은 吉하게 되는 것이다.

※ 天德은 月支를 主動해서 보는 것인데 月支가 寅月인데 丁字가 천덕이고 卯月은 申, 辰月은 壬, 巳月은 辛, 午月은 亥, 未月은 甲, 申月은 癸, 丙月은 寅, 戌月은 丙, 亥月은 乙, 子月은 巳, 丑月은 庚字가 있으면 天德이 된다.

* 月德貴人法은 다음과 같다.

寅月은 丙, 午月은 丙, 戌月은 丙 즉 알기 쉽게 말하면 寅 午 戌月의 출생자는 丙이 월덕이며 申 子 辰은 壬이며 亥 卯 未는 甲이며 巳 酉 丑은 庚金이 월덕귀인이 된다. 단, 보는 법은 필히 四柱 月柱 地支로만 보는 것이다.

※ 四柱에 卯星六親이 天德貴人이 되면 父母조상 또는 외가의 음덕이 있고 학문 성공한다.

※ 四柱에 才星이 天德月德貴人이 해당하면 남자는 장인 장모가 크게 성공하고 여자는 자식이 크게 발전한다.

※ 四柱 편재가 天月德이 되면 부친 출세하고 남자는 축첩 대성한다.

※ 命中에 月德合이 있으면 숨은 후원자 또는 여성으로부터 재물을 얻게 된다.

(22) 천주귀인이란 무엇인가 ?

日天干이 甲丙日生은 巳字가 있으면 천주귀인이 있다고 보는데 乙丁日은 午며 戊日=申, 己日=酉, 庚=亥, 辛=子, 壬=寅, 癸日은 卯가 되는데 천주귀인은 천덕귀인과 비슷한 무게를 두고 있으나 사주에 貴人이 있는 사주는 한평생을 부귀로 잘살게 해주는 귀인성이며 日柱에서 시작되어 他柱를 보는 것이 원칙이다. 천주귀인이 時柱에 있으면 자식을 출산후 일이 잘되어 재산이 늘고 月柱에 있으면 父母에게 많은 재산을 얻게 된다는 뜻인데 空亡이 되지 말아야 한다. 空亡이 되면 재산이 깨어져서 도리어 반대로 못 살게 되는 것이다.

※ 남자 日天干이 甲日인데 女子 日地支가 子

나 午字가 된다면 두 사람이 만나서 귀인이 생긴 것이니 두 사람이 만나서 재산이 늘어 잘 살게 되는 것이다. 여자 日天干으로 남자를 보아서 귀인일지가 되어도 동일하게 잘 살게 된다.

(23) 태극귀인(太極貴人)이란 무엇인가 ?

 태극귀인은 甲乙日생이 子.午가 사주 內에 어느 곳에 있어도 태극귀인이 있다. 태극귀인도 天乙貴人보다는 약한 성이다.
甲 乙日은 子 午,　　　丙 丁日은 卯 酉
戊 己日은 辰 戌 丑未,　庚 辛日은 寅 卯
壬 癸日은 巳 申이 태극귀인이 된다.
태극귀인이 있는 사람은 횡재가 생기든지 생각지 않았던 곳에서 돈이 생기는 것을 말하는데 時支에 귀인이 되면 자손에게서 또는 자손의 친구에게서 돈이 생긴다. 또는 말년에 횡재가 있다는 뜻이고 月 年에 있다면 초년에 생기든지 부모 형제 중에서 가져다주는 福이라고 생각하면 되는 것이다.
태극귀인도 空亡이 되면 물거품이 된다.
특히 12운성에 病 死 葬 胞가 임하지 말아야

된다. 뿌리 없는 12운성이 붙는 주가 태극귀인이 되면 귀인 자체도 힘없는 귀인이 되기 때문이다.
貴人이 沖 破 害 刑이 되면 나의 복이 살을 맞는 육친에게로 가는 것이다. 예를 들면 比肩이 되는 地支가 貴人인데 沖이 되었다면 형제에게 그 복이 가는 것이다.

(24) 장성이란 무엇인가 ?
장성은 큰 장성이 된다는 뜻이다.
즉 장군이 된다는 뜻인데 軍에 가면 成功하는 살이라고 본다.
장성은 日柱 地支가 寅 午 戌日 생이 중간자 午자가 있으면 장성이 있는 사람이다.
申 子 辰은 子이고, 巳 酉 丑日은 酉이며, 亥卯未日은 卯가 장성이 되는데 年 月 時支에 어느 곳에 있어도 장성이 있는 사람인데 장성도 空亡이 되면 장군이 아니고 졸병으로 간다는 뜻이 되고 장성 자체가 깨어지는 살이다.
※ 남자 사주 巳 酉 丑 日生인데 여자 酉日生을 만나면 부부가 合쳐서 장성이 되니 결혼 후 남자가 출세 할 수 있는 것이 된다.

※ 여자 巳 酉 丑日에 출생한 사주가 남자 日柱가 酉日生이라면 두 사람 만나 장성이 성사된 것인데 이때에는 결혼 후에 남편이 잘되는 출행을 하게 되고 큰 인물이 될 수 있는 것이다.

※ 남자 巳 酉 丑日生이 여자 酉日生을 만나면 부부간 부부 생활에 큰 사랑이 깊어져서 이별이란 없는 운명이 된다.

※ 여자 日柱가 巳 酉 丑日生이 남자 酉日生을 만나도 부부 관계가 너무 맞는다는 부부가 되어 이별은 없게 될 것이다.

(25) 화개살(華蓋殺)이란 무엇인가 ?

 화개살이란 사람을 학자가 되도록 공부를 잘 하게 만드는 재주를 가져다주는 살이니 나쁜것이 아니다. 화개살이 空亡이 되면 쓸모없는 것이겠으나 生 旺 등의 뿌리가 튼튼하게 살았다면 그대로 튼튼하게 공부로 이름을 나타내고 두각을 나타내는 것이다. 화개란 日柱 地支를 三合으로 표출하여 三合의 끝에 자가 사주 內에 있는 것을 말하는데 가령 寅 午 戌日 中에 태어난 사람이면 무조건 끝에 글자 戌字가 화개살이 있는 것이 된다. 다시 예를 들면 寅日생이 戌이 되든지 午日生이 戌이 되든지 戌日生이 戌이 있어도 화개살이 있는 사주라 한다. 年주가 화개살되면 사회적으로 이름이 드높고 月주가 화개가 되면 부모형제 중에서 학문으로 크게 이름을 내고 있으며 時가 화개가 되면 자녀 등이 이름을 낼 정도로 공부를 잘하는 자식이 있는 것이다. 단 본인은 日地支에 있는 화개살일때 본인이 공부를 잘하는 사람이라고 하는 것이다.

(26) 수옥살이란 무엇인가 ?
수옥(囚獄)살이란 글자 그대로 보면 죄를 짓고 감옥에 갇혀 못 나온다는 살이다. 죄 값을 다 치른 후에야 나오는 살이다. 수옥살은 日柱地支를 三合에 배합시켜 중간자와 沖되는 것을 수옥이라 하는데 가령 寅 午 戌日에 出生者 다시 말하면 寅日에 出生한 사람이 子가 사주에 있어도 수옥살이 있으며 午日에 出生한 사람이 子가 있으면 수옥살이고 戌日에 태어난 사람이 子字가 있어도 수옥살이 있는 사주라 하는데 수옥살도 空亡이 되면 무사하고 12운성에 뿌리가 있는 글자가 붙었다면 확실하게 수옥살이 있는 것이 된다.

수옥살도 年에 있으면 본인이 형무소가고 月柱에 있어도 본인이 형무소 간다.

그러나 日柱에 있는 것은 본인이 갈수도 있으나 자손 중에서 갈수도 있으니 時에 있는 것은 좋지 않고 가장 나쁜 살이라 할 수 있는 것이다.

그런데 중요한 것은 空亡이 되어도 꼭 형액을 당하지는 않으나 空亡된 수옥은 갈뻔하는 일 정도는 겪어야 하는 것이다.

그러니 수옥살이란 것은 가장 무서운 살이라 할수 있는 것이다.

* 수옥살은 언제 당하는가 ?

사주에 수옥이 있는 사람이 수옥년을 만날 때 기신年이면 그때 수옥살을 당하는 것이다. 그러나 사주에 수옥살이 없는 사람이 수옥년을 만났다하여도 형무소 가는 수옥살을 당하지는 않는다.

(27) 도화살이란 무엇인가 ?

도화살이란 日柱 地支로 보는데 地支字가 三合

을 암기한 후 첫째 地支字와 같은 五行 地支가 도화살이다. 가령 日柱地가 寅이라면 寅午戌 三合이다. 寅字와 같은 地支字에서 五行이 같은 것은 卯木이 같은 木이 되는 것이니 卯字가 도화살이다. 또한 亥 卯 未日이 되는 사람은 亥는 子水와 같은 水가 되니 亥日生은 子요, 卯日생도 子가 도화이며 未日생도 子가 도화살이 된다. 寅 午 戌日에 卯가 도화, 亥卯未日은 子가 도화, 巳 酉 丑日은 午가 도화, 申 子 辰日은 酉가 도화가 된다.

도화살이 있으면 바람 風 字가 붙는 글자이지만 바람도 여자로 인한 바람, 노름으로 인한(도박)바람, 사업으로 인한 바람, 술먹고 놀기 위해서 사는 사람의 처세술 등이 있는데 이 도화살도 日天干을 生하는 四柱八字中에서 3개만 되면 신왕이 되는데 신왕사주에 도화가 있으면 바람을 피워서 돈을 벌어 쓰는 인생이 된다. 가령 예를 든다면 남자가 나이 많은 여자를 사귀어서 돈을 얻어 쓴다든지 도박을 해서 돈을 벌어 쓴다든지 여러 종류의 생활로 돈을 벌어 쓰는 것이 되지만 즉 사주팔자 중에서 3개가 생하는 오행이 없다면 무조건 신쇠사주라고 볼

수 있는 것인데 신쇠가 되면 바람 피우면서 재산을 탕진하는 살이라 하겠다.
※ 특히 요즈음은 도화살이 있는 사람은 연애 결혼한다고 보는 것이 적당하기도 할 것이다.

(28) 귀문관살은 무엇인가 ?
귀문살은 四柱 日柱 地支에 대결하는 것인데 가령 子日은 酉가 어느 주에 있어도 귀문이 되지만 時에 있는 것이 강하다고 보는 것이다. 丑日은 午이고 寅日은 未이며 卯日은 申, 辰日은 亥, 巳日=戌, 午日=丑, 未日=寅, 申日=卯, 酉日=子, 戌日=巳, 亥日은 辰字가 되는데 귀문관살이 있으면 무녀가 된다는 살이다. 四柱가 身旺四柱가 되면 일류 무녀가 되지만 신쇠사주는 머리에 정신병이 오기도 하는데 정신병이 오면 이미 때는 늦은 것이라고 본다. 귀문관살이 있는 사람은 空亡이 되면 만사 평탄하고 12운성의 병 사 장 포가 붙으면 그 살이 작용력이 약해지기도 한다. 귀문관살이 있으면 무조건 신앙에 몸을 바치든지 易學 공부해서 미리 운명감정을 해주는 역술가 철학가의 이름을 부르도록 한다. 그러면 그 살로 인해서 해를 면할 수 있을 것이다.
귀문관살이 年에 있으면 하는 일에 귀신이 붙어서 실패를 자주하게 되고 月에 귀문이 되면 가정을 떠나야 한다. 가정 식구들 중에서 귀문을 당하는 수 있고 日柱에서 時에 있으면 본인이 귀문살을 당한다고 보는 것이다.

(29) 白虎살은 大殺이라고도 한다.
백호살은 7개의 干支가 되는데 甲辰 戊辰 丙戌 壬戌 丁丑 癸丑 乙未하여 辰 戌 丑 未가 되는 것이다. 여자가 辰 戌 丑 未가 사주에 모두 있으면 과부된다고 하였는데 그 이유는 辰 戌 丑 未가 다 있다고 보면 반드시 白虎살도 하나 있게 마련이다.
백호살도 日柱가 丁丑日이면 본인이 白虎살을 당하는 것이 되는데 白虎가 있으며 신약 신쇠 사주가 되면 장수를 못하는 살이다. 가령 편재성이 白虎가 되고 편재되는 五行을 他柱에서 많이 극해온다면 아버지는 오래 살수가 없게 되는 것이다.
가령 印星이 되는 六親이 白虎가 되는데 他柱에 干支가 印星이 되는 五行을 극을 2개이상한다면 그에 어머니는 단명할 수밖에 없는 것이다. 그러나 白虎殺도 空亡이 되면 白虎가 큰 힘을 쓰지 못하기 때문에 印星에 白虎가 된다 해도 어머니는 무사하게 될수 있는 것이다.
白虎는 時에 있으면 자녀에게 가는 수도 있고 月柱에 있으면 부모형제에게 가는 수도 있고 年柱가 白虎가 되면 하는 일들이 모두 성공을 못하는 수도 있다.

(30) 天羅地羅殺(천라지라살)

천라살은 戌方位로 되고 地라살은 辰巳方位로 기울었다. 천라살은 戌亥는 天文星으로 종교 活人을 의미하고 戌亥는 二字 상접해 있으며 서로 미워한다. 戌이 亥를 逢은 小過요, 亥日戌 逢은 大禍이다.
男子는 戌亥를 大忌한다. 처를 극한다고 한다. 辰巳은 용사혼잡이라 하여 서로 피한다.
辰은 巳를 보면 進이 되지만 退하고 巳는 辰을 보면 祖上이라 하여 進한다.
辰巳는 父母 早別 古基 早別하며 日時 辰 처자 무연이 된다.
※ 女命은 辰 巳가 또 있으면 大忌한다.

부부 정이 고독하고 辰 巳는 파혼하고 병도 온다. 혼사에 말썽 많다. (남자는 처가 도망도 간다)

(31) 락정살(落井殺)의 위험

락정이란 뜻은 우물에 떨어진다는 뜻이다. 어린아이 시절 옛날에는 크고 깊은 우물이 많이 있어서 지하수를 퍼올려 사용하는 생활을 해왔던 것이다. 그 당시에는 우물가에 어린 아이가 기어가다가 풍덩 빠지는 일이 있었다.
그러나 지금은 우물이 지하수 오염으로 인하여 모두 폐쇄하고 수도관을 이용하여 정수된 물을 나누어 먹는 것이 사실이다. 그렇다면 웅덩이도 없는 락정살은 왜 필요한가? 요즈음은 바다에 산사태로 흘러가는 물에 휩쓸려 가는가하면 빠지기도 하는 것이 사실이다. 특히 배를 타고 가다 배가 뒤짚혀서 빠져죽는 일이 허다한 것이다. 이렇게 물에 빠진다는 뜻이며 락정살 있는 사람은 배를 타는 직업이라든지 주류업, 목욕탕 등은 하지 않는 것이 좋다. 반드시 실패하기 마련이다. 보는 법은 四柱中 日天干을 위주로 하여 地支字를 보는 것인데 甲日이나 己

日은 巳가 락정살이며 乙日 庚日은 子요, 丙 辛日은 申이며 丁 壬日은 戌字이며 戊癸日은 卯字가 락정살이 된다.

四柱에 時에 락정살이 있으면 말년 50세 이후에 물에 빠질 운이 강하고 月柱에 있으면 30세에서 50세 중간이 위험하고 年柱에 있으면 10세부터 30세 以內에 물에 빠지는 운이니 나이를 참고하고 주의해 두는 것이 좋겠다.

락정살도 空亡이 되면 살이 작용 못하니 무사하게 지난다고 한다. 그러나 가령 甲日生이 巳가 四柱에 있는 空亡이 되었다면 巳年을 만나면 空亡이 出空되어 空亡이 없어지는 해가 되니 巳年에 물에 빠질수 있는 해니 각별히 주의가 필요하다.

(32) 다전살(多轉殺) 일명 천전살(天轉殺)이다.
 다전이란 많이 옮긴다는 뜻이고 천전살이란 것은 하늘에서 옮기라고 명령한다는 뜻이니 두 가지의 뜻은 同一한 뜻이라고 보겠다.

다전살은 살고 있는 집을 자주 이사한다든지 다니고 있는 직장을 자주 이사한다는 뜻이며 천전살은 부부간에도 자주 떨어지든지 헤어지는 뜻도 있으며 부모육친하고도 떨어지게 된다는 살인데 남자에게는 주로 직장이 되겠으나 여자에게는 주로 집 이사, 남편별거 등이 된다고 보면 된다.

다전살 보는 법은 月地支로 보는 것이며 日柱를 상대하는 것이다. 가령 寅 卯 辰月 出生者는 乙卯日에 출생하면 다전살이 있다.

巳 午 未月은 丙午日, 申 酉 戌月生은 辛酉日 亥 子 丑月生은 壬子 日柱가 되면 다전살이 있으니 많이 있는 살은 아니지만 제왕절개 수술을 하기 위해서 四柱를 좋은 날로 잡아달라고 할 때는 이날 같은 것은 피하는 것이 좋다.

(33) 지전살(地轉殺)은 무슨 살인가 ?

지전살의 뜻은 땅을 자주 옮긴다는 뜻이니 조상의 묘지를 자주 옮기게 된다는 뜻도 있으며 하는 일이 시작은 좋으나 나중에는 중단 실패되는 살인데 이 살은 없어지게 하는 예방법은 없으나 팔진도란 부작으로 만든 족자를 집에 가지고 있으면 살이 운동을 못하여 살로 인한 폐해를 면할 수도 있으니 참고하기 바란다.

이 살이 있는 사람은 하나의 직종으로 평생을

가는 것이 아니고 모든 직업은 중단되고 또 다른 색다른 직업에 종사하다 보면 말년에 노후 대책 없는 인생이 될 수 있으니 미리 알고 준비해두는 것만이 인생을 잘 살았다는 답이 나올 것이다.

(34) 효신살(梟神殺) 즉 培母살이라고도 한다.
효신살은 올빼미 글자이다. 올빼미는 밤에 잘 보는 습관이 있다. 그러나 사람도 밝은 것은 눈에 잘 보이지 않고 어두침침한 즉 어떠한 비밀스러운 위치와 환경이 잘 보이는 사람이다. 그러니 이런 살을 지닌 사람은 비밀형사, 탐정원 등의 위치에 있는 일이 많고 또는 어머니를 두 명을 거느리게 된다는 살인데 두명이라면 먼저 엄마는 헤어졌든지 죽은 후에 다른 어머니를 만나게 된다는 이치가 되는 것이다.
효신살 보는 법은 四柱 日天干으로 주동해서 년, 월, 시, 지지중에 글자가 있는 것을 말하는데 甲日은 子, 乙日은 亥, 丙日은 寅, 丁日은 卯, 戊日은 午, 己日은 巳, 庚日은 辰 戌 辛日은 未 丑字이며, 壬日은 申, 癸日은 酉字가 된다. 다른 天干에는 地支가 하나씩 있으나 庚字

와 辛字는 地支가 두 개씩 있다. 그 이유는 金 日柱는 모든 것이 강직하고 범위가 넓다는 뜻이니 金日은 누구를 막론하고 똑똑하고 속이 넓고 범위가 넓다는 것을 알수 있는 것이다.

(35) 男女 生死別의 日辰

남녀 다 같이 日辰이 나쁜날이 있다. 空亡이 되면 무사하지만 空亡이 되지 않고 12운성에 生 旺등이 임하면 日柱에 힘이 강렬해져서 부부 생사별하는 日辰이다. 男子에게는 辛酉日 女子는 己丑日이 된다면 日柱와 日柱가 合이 되어도 무사하게 된다. 나쁜 日柱는 甲寅日 辛酉日 己丑日 乙卯日 乙未日 壬子日 丙午日 戊辰日 庚申日 戊申日 戊戌日 등인데 남자에게 있으면 妻가 죽든지 이별하게 될수 있으며 女子에게 있으면 남편이 죽든지 이별 등을 할 사주라 하는데 남녀 日柱 合이면 무사하다. 당하는 해는 언제인가 日주와 같은 年을 만나면 그 해에 부부간에 일이 생긴다고 보고 또는 忌神 年에 당한다고 보면 되며 또는 大運路에 日柱와 같은 柱 대운에도 나쁘다고 본다.

(36) 신체파괴칠살

인생에서는 日柱가 신체파괴칠살이 되면 50세 이후에는 난치병이 오며 평생 처가에 영가가 와서 따라다닌다고 한다. 그러면 하는 모든 일이 처음은 잘 되지만 나중에는 꼭 깨어진다는 것이니 천도식이 반드시 필요하다. 日柱가 신체파괴칠살이 되면 반드시 부모나 또는 형제중에 영가가 와서 따라다니므로 평생되는 일이 없으며 하는 일 마다 실패하는 것이니 천도식을 三年마다 해주면 吉하다. 또는 팔진도로 좋은데 가도록 인도하는 예방을 하라.

신체파괴칠살이란 日天干이 水日인데 地支가 土가 되면 지지가 올라가면서 천간을 극하는 것을 신체파괴칠살이라 한다.

水土日=칠살, 金火日=칠살, 火水日=칠살
木金日=칠살, 土木日=칠살이 된다.

水日土 칠살은 노후 난치병이 냉증이고, 코에 병이 오든지 담석증 등이 온다.

金日火 칠살은 노후 난치병이 폐장이나 기관지 등에 병이 온다.

火日水 칠살은 노후 난치병이 눈에 안질이 오든지 맹인이 될 수도 있다.

木日金 칠살은 노후 난치병이 담석증 간장병 간암 등의 위험이 있다.
土日木 칠살은 노후 난치병이 위장암 소화불량 등 복부에 병이 온다.

(37) 강성살
사람에 성격이 조금 다른 사람이라 본다. 사람을 믿지 않고 못된 성격이 있어서 맞아 죽을 수 있다는 성격이니 매사에 너그러운 아량을 베풀고 욕심은 버리고 살아야 할 것이다. 四柱 日柱만 보는 것인데 日柱가 壬辰日 壬戌日 庚戌日 庚辰日에 出生한 사람인데 괘강살에도 해당하지만 남녀를 막론하고 자기 고집으로 손해 보는 일이 태반이니 항상 주의가 필요한 것이며 12운성에 生 旺 帶 冠 등이 임하면 아주 강하고 병 사 장 포 등이 임하든지 空亡이 되면 힘없으니 무사하게 될 것이다.
강성살 있는 사람은 항상 남에게 이기는 일 없이 산다는 것은 가장 吉한 것이라 하겠다.

(38) 맹인살

사람은 각종 살이 있으나 특히 맹인살은 있어서는 안되는 살인데 생월로
　　1 2 3月생이 酉日이나 酉時가 되면 맹인살
　　4 5 6月생은 辰日이나 辰時가 될 때 맹인살
　　7 8 9月생은 未日이나 未時 出生者 맹인살
10 11 12月생은 戌日이나 戌時 出生者면 맹인살이 된다. 일이나 시에 하나만 있어도 맹인살의 작용을 한다.

맹인살이 空亡이 되면 무사하다 또는 맹인살 있는 주가 양인이나 白虎살이 同柱한다면 더욱 심각한 살이 되는 것이며 12운성에서 병사장포가 임하면 그 살이 작용력이 약해질 수 있으나 모든 살이 없어야 하는 것이다.

부부 궁합 볼 때 남자사주에 盲人살이 있는데 女子 四柱와 합쳐서 宮合에 맹인살이 되면 그 자손이 맹인이 탄생할 수도 있으니 이 살도 무서운 살이라 하겠다.

(39) 병신살

병신살은 사주에 있어도 무방할수 있고 당할수가 있다. 몸에 흉터가 있으면 살의 작용력이

라고 한다. 乙巳日 출생자도 병신살이며 時가 乙巳時가 되어도 병신살이다. 또는 乙未日 乙未時도 병신살이며 己巳日 己巳時에 出生者는 모두 병신살이다. 가령 乙巳日생이면 空亡이 되었다면 무사하다. 그러나 12운성에 乙巳時 밑에 병 사 장 포가 붙었으면 살이 약해진다. 그러나 生 旺 등이 있는데 他柱에서 극하는 五行이 많다면 즉 乙을 극하는 것은 金이며 巳를 극하는 것은 水가 되는데 金이 많아도 극을 받는 것이며 水가 많아도 극을 받는 사주이며 또는 地支상극살 등이 없어야 무사하지만 복음살 지지상극살 등이 같이 동주하면 그 살을 받게 되는 것이다.

(40) 철직살(鐵職殺)

철직살은 여자는 기생팔자 요즘은 탤런트 영화배우 팔자라 하는 것이고 남자는 부부파란이 많아서 처를 둘 거느리든지 이별하는 살인데 살은 日柱가 壬子日 戊辰日은 기생팔자라 하고 男子는 이별 팔자라 하며 辛酉日이나 丙寅日생도 기생팔자며 남자는 바람 많이 피우는 살이라고 하는데 이 살도 空亡이 되면 무사하다.

또는 12운성에 뿌리가 살았으면 그 살이 살아 있다고 보지만 12운성에 병 사 장 포가 붙어 있으면 그 살의 힘은 없으나 그 육친은 힘이 없어졌으니 살을 당하고 있다는 표식이 된다. 이런 점은 많은 연구를 하여야 하는 것이다.

(41) 三災 八亂

삼재팔난이란 누군 오고 누군 안오는 살이 아니며 누구나 다 왔다가는 것이 삼자팔난이라 하는 것인데 삼재의 뜻은 水災, 火災, 風災 세 가지를 당한다는 뜻이다. 즉 물로 피해를 보든지 불로 피해를 보든지 바람이 불어서 농사를 망치는 일 등으로 재난을 당한다는 뜻이고 팔난이란 여자난 구설난 재산실패난 건강질병난 형액난 교통사고액난 육친이 사망하여 상복입는 일 화재피해난 등으로 여러 종류로 피해를 본다는 것이 삼재 들때 당한다는 뜻이니 삼재는 누구나 나쁜운이라고 본다. 삼재는 삼합을 암기한 후 三合에 첫째 글자가 沖되는 年에 산재가 들어오며 그 다음 묵고 또 그다음에는 나간다고 하여 出三災식으로 부른다. 寅 午 戌生 年이 되는 사람은 申年에 入三災, 酉年에 墨三

災, 戌年 出三災이며, 巳 酉 丑生은 亥年入,子 는 墨, 丑은 出三災이며, 申 子 辰年 生은 寅年 이 入三災이다. 亥 卯 未年 生은 巳年에 入三 災한다. 三災는 惡三災가 있고 또는 福三災가 있는데 四柱 用神年에는 福三災이며 四柱 忌身 年에는 惡三災이니 사주의 用神을 잘 정하면 운세를 알게 되는 것이다.

(42) 자손형제 수 보는 법

生은 四子나 반감 욕은 二子나 혹은 딸 많다. 帶는 三子, 冠은 三子, 旺은 五子나 혹은 七子 衰은 二子, 病은 獨子, 死는 無子, 葬은 無子 혹은 외방 자손 있다. 胞는 1子, 胎는 女子뿐 혹은 三子이다.

보는 법은 四柱를 정립한 후 時柱에 臨한 12 운성의 字로서 子孫 數를 아는 것인데 요즈음 자동적으로 인공 유산 등이 있어서 숫자가 틀 릴 때가 있으니 참고 정도 한다.

형제수는 時柱가 아니고 月柱 地支밑에 임해있 는 12운성으로 보는데 月柱에 生이 붙었으면 四형제 운이라 하고 浴이 월주에 임했으면 二 형제라 하고 帶字가 月支에 임했으면 三형제라 하며 冠이 月支에 임해 있으면 三형제 팔자이고 旺이 月柱에 임했으면 五형제라 하며 衰字가 月柱에 同住면 二형제라 하고 病字가 月柱에 同住면 독신이라 하며 死가 月柱同住면 獨이라하고 葬字가 月柱 同柱도 이복형제 있다 하고 胞가 月柱 同柱면 獨身이나 또는 二형제뿐이라 하며 胎가 月柱 同住면 여자형제뿐이라고 하는 것이다.

※ 월율장간법 (지장간 암장법)

생월의 지지를 기준으로 하여 암장된 천간 오행을 찾는 것입니다.

子에는 壬癸가 암장되여 있고,

丑에는 癸辛己가 암장되여 있는 것입니다.

격국을 볼 때 중요하게 사용하는 것입니다.

월지 생일	子	丑	寅	卯	辰	巳	午	未	申	酉	戌	亥
초기	壬	癸	戊	甲	乙	戊	丙	丁	戊	庚	辛	戊
중기		辛	丙		癸	庚	己	乙	壬		丁	甲
정기	癸	己	甲	乙	戊	丙	丁	己	庚	辛	戊	壬

(43) 12支殺 (평생운 法)

12지살은 겁살, 재살, 천살, 지살, 년살, 월살 망신, 장성, 반안, 역마, 육해, 화개를 말하는데 보는 法은 巳年生이 寅이 四柱 內에 있는데 月柱가 되면 月겁살이 되고 日에 寅이 있다면 일겁살이 되며 時에 寅時면 時겁살이 되며 겁살난을 보면 인생운명이 나오는 것이다.

지살 \ 생년	겁살	재살	천살	지살	년살	월살	망신	장성	반안	역마	육해	화개
인오술	해	자	축	인	묘	진	사	오	미	신	유	술
신자진	사	오	미	신	유	술	해	자	축	인	묘	진
사유축	인	묘	진	사	오	미	신	유	술	해	자	축
해묘미	신	유	술	해	자	축	인	묘	진	사	오	미

⊙ 예를 들어 보기로 하자

四柱八字가 아래와 같으면
時 日 月 年
癸 戊 甲 乙
丑 寅 子 亥

이상의 사주는 年이 亥生이다. 亥 卯 未있는 줄에서 月의 子는 月 년살이 되어 다음 月 年 살난에서 보면 되며 寅日은 亥 卯 未중에서 日 망신이 되며 時丑은 亥 卯 未줄에서 時월살이 되니 時월살을 찾으면 운명이 나오는 것이다.

* 月劫煞 = 월주에 겁살이 임하면 조실부모하며 형제간에 이별하며 불연이면 조출타향하게 되는 운이며 자수성가 하게 되고 고독한 운명이며 성질은 가랑잎에 불과 같아서 초년에는 풍파가 많으며 자주 이사도 하게 되며 말년에는 풍파도 잠자고 평탄한 생활이 될 것이다.

* 日劫煞 = 남녀 다 같이 풍파가 많으며 하는 일도 변동이 심하고 살고 있는 집도 이사 자주 하게 되는 운이다. 평생 자수성가할 운이다. 만약 부모 재산을 받으면 다 털어먹고 자기 잔재주로 성공해야 하니 많은 노력과 고달픔을 극복해야 될 것이다.

* 時劫煞 = 시주에 겁살이 들면 처궁 및 자손궁에 살이 있는 것이 되어 자손근심, 부부근심 등을 하게 되는데 칠성공을 들여 난관을 극복하는 것만이 길하며 초년에는 풍파 많고 고독하며 운도 파도가 심하지만 말년에는 성공하는 운이다.

* 月災殺 = 월주에 재살이 임하면 부모덕 없으며 고독하다보니 절에 몸을 의탁할 운이 되는데 여자는 무당 팔자라 하며 사주에 역마살이 동주면 무녀 확실하고 남자는 도적에게 놀랠 일이 있다.

* 日災殺 = 초년에 질병이 많을수 밖에 없다. 日이란 내 몸인데 내 몸에 재살이 있다는 것은 몸을 약하게 만든다는 살이니 살에 댓가를 받아야 되는 것이다. 부부 생사별도 하며 관재도 있기 쉽고 자식 때문에 가슴 아픈 일도 당할 운세이다.

* 時災殺 = 시주에 재살이 들면 재복은 있으나 파란이 많고 한평생 하는일 마다 파란곡절이 심하며 사람 사귀는 일에도 인덕이 없어서 친한 벗하나 없는 몸이니 한탄하지만 타고 난 운명을 면할 수 없으리라.

* 月天殺 = 월주에 천살이 든 사람은 심장병이나 간장병을 주의하라. 반드시 건강에 질병이 오는데 공망된 월주는 무사하다. 월에 천살이 들면 초년에 부모운이 나빠서 가난하게 살게 되며 중년이후는 재산도 늘어 가정이 윤택해지는 운이다.

* 日天殺 = 일주에 천살이 들면 사람의 덕은 없으며 자주 구설이 있는 처세를 하며 일찍 부모를 잃어버리는 일이 생기고 직업도 자수성가하여 늦게는 부귀영화를 누릴 수 있는 사주라고 한다.

* 時天殺 = 사주 시주에 천살이 들게 되면 유복자가 되는 수 있다. 유복자는 배안에 있을 때 부친이 사망하는 것인데 공망이 되면 무사하지만 공망이 되지 않으면 부모가 사망하든지 아버지가 다른 곳에 가서 살게 될 것이다. 자손 덕 없고 수명은 장수하며 재복도 늦게는 있다.

* 月地殺 = 사주 월주에 지살이 들어오면 어머니가 일찍 죽는 운이며 초년 어릴 때는 질병이 많으며 양모를 볼 수 있으며 중년 이후는 재산도 쌓이고 건강도 강인한 사람이 되며 재산도

부귀로 될 사주이다.

* 日地殺 = 사주 일주에 지살이 임하면 학문에 인연이 있어 열심히 공부하고 재주도 있으며 재산도 모이고 수명도 장수하니 오복이 갖춰진 사람이라 하겠으나 부부이별은 면할 수 없고 농업 하는 자는 부부이별도 없을 것이다.

* 時地殺 = 사주중 시주에 지살이 임하면 학문에 열성이 깊은 사람이고 어려운 일이 있을 때 귀인도 만나게 되고 사주 내에 원진살이 같이 있으면 50세 이전에 단명이란 단어가 생기게 되고 사주 내에 연살도 같이 있으면 눈에 이상이 온다.

* 月年殺 = 사주 월주에 년살이 해당하면 성질은 급하나 뒤가 없고 속히 녹는 여름눈과 같으며 재복은 평생 있으나 형제 덕이 없고 액이 있으며 부모덕 없으며 자수성가하는 운명이며 사주 내에 목욕살이 동주하면 재산 운이 약하고 부부이별하게 된다.

* 日年殺 = 일주에 년살이 해당하면 자손은 많이 출산하는 사주이나 키우는데 힘이 들고 재운은 좋으나 주색으로 탕진 수가 있으니 주의하고 부부 생사이별수도 있으니 주의하고 항상

겸손하고 절약하는 습관이 꼭 필요한 사주이다.

* 時年殺 = 시주에 년살이 들면 만약 농업자는 부자 되며 평생 윤택한 생활을 하게 되지만 상공업하는 자는 파란과 실패수 많으며 만약 사주 내에 도화살이 겸비한 사주는 많은 풍류를 겪어 사는 일생이다.

* 月月殺 = 사주 월주에 월살이 임하면 29세 이내에 신액을 주의하고 고향과 부모는 조별할 운이며 파란곡절이 많으므로 인생 삶에 괴로움을 느끼게 되어서 심심산골에 절문을 찾을 수 있으니 매사에 주의하며 생활하지 않으면 안된다.

* 日月殺 = 사주 일주에 월살이 들어서게 되면 고향을 떠나서 객지에서 자수성가해야 하며 혼인도 연애 결혼할 운이며 또는 처자와 이별수도 있으며 만약 지나치면 상처도 하게 되며 남자는 스님을 좋아하고 여자는 무당을 좋아하게 되는 운명이다.

* 時月殺 = 사주 시주에 월살이 들어서면 농업 상업 등에서 직업을 잡게 되지만 입산 수도할 운명이니 무엇인들 잘 될리 없고 육친은 전혀

없으니 덕 볼 생각은 아예 저버리고 나홀로 건강을 지키고 재운을 따라야 한다. 말년에는 건강까지 잃을 수 있으니 주의하라.

* 月亡身殺 = 사주 월주에 망신이 해당하면 성격은 급하며 모든 일에 실패수가 많으니 참고 인내하며 매사에 생각하면서 인생 삶을 영위하는 것만이 큰 실패를 면할 것이고 불과 같은 성품은 형무소갈 능력 있는 성격이다. 사주에 삼형까지 동주면 형액당하리라.

* 日亡神 = 사주 일주에 망신이 들면 일생이 고달프다. 이것을 원망할 수도 없으니 나홀로 꽁꽁 앓는 식이 될 수 있다. 혼인 일찍 하면 이별수 있고 30세 후 혼인하면 네 살 차이 되는 사람과 혼인하면 말년에 행복하게 살 수 있으리라.

* 時亡神 = 사주 시주에 망신이 들면 조출타향하며 자수성가하게 되는 사주이며 유첩사주이니 필히 여난을 겪든지 부부 언쟁 할 수 있는데 이별까지 가는 것은 인내심이며 팔자에는 자손이 흔하게 탔으나 나중에 마지막 인생에서 종신하는 자식 하나도 없을 수 있으니 칠성님에게 기도하면 대길하리라.

* 月將星 = 사주 팔자중 월주에 장성이 들어서면 마음 갖는 것이 착한사람이며 학문을 잘하여 학문으로 성공하고 관공직으로 성공하며 군인이나 경찰 등에 들어가면 크게 성공도하고 두령격이 되며 형제 덕 부모덕은 없으며 말년은 고독할 운명이다.

* 日將星 = 사주 일주에 장성이 들면 학문으로 성공하고 관록이 있어서 출세할 운이며 처덕도 있으며 자녀 덕도 있으며 말년은 고생 안하며 행복한 생활 할 운이며 문무가 겸비한 명진사해할 운명이다.

* 時將星 = 시주에 장성이 들어서면 초년에 일찍 과거하고 평생을 행복하게 살 것이며 문무가 겸비된 운명이며 통솔력이 있어서 많은 부하를 거느릴 운이며 평생 여러 사람 중에서 앞장서는 두령격으로 인생을 살게 되는 대길한 운명이라 하겠다.

* 月반안 = 사주 월주에 반안이 들게 되면 마음이 온순하고 따뜻하며 착실하다. 누구에게나 존경을 받을 것이고 머리도 좋아서 공무원 관공직 등으로 성공도할 운명이며 만약 사주에 년주가 공망이 되면 직업문제로 한 평생을 근

심 하며 살게 되는 운명이 될 것이다.

* 日반안 = 사주 일주가 반안이 되면 어진 사람이며 인자하고 선비의 형상이고 재산도 서서히 모여서 성공도 크게 하는 운명이며 사주 내에 천을귀인까지 있으면 소년에 등과하여 크게 행복하게 인생을 살게 될 것이다.

* 時반안 = 사주 시주에 반안이 해당하면 재산도 있으나 호걸팔자도 되며 사주 내에 역마가 같이 있으면 문장가이며 화개가 같이 있으면 예술 예능계에서 크게 성공하는 운명이 될 것이고 50세 정도에는 한번 큰 액을 당하여 크게 놀랠 일이 있으리라.

* 月역마 = 사주 월주에 역마가 임하면 성격이 온순하고 군자답고 자손과는 별거할 운이지만 말년에 합칠운이 되며 평생 직업이 될 수 있는 공직을 잡지 못하면 하는 직업관계도 근심이 많은 사주이다.

* 日역마 = 사주 일주에 역마가 되면 부부파란 이별 등의 일이 생기며 도화까지 사주 있으면 혼인을 3번까지 할 것이며 혼인은 못하더라도 상대를 3번 이상 정을 통하는 일 있으며 직업은 관공직팔자이지만 만약 관공직이 아니면 직

업으로 인한 풍파가 많게 되리라.

* 時역마 = 사주 시주에 역마성이 해당하면 성질은 착하고 따뜻하며 바쁘고 성격은 급하며 항상 마음이 바빠서 이것저것 관계하다보니 결실을 얻지 못하는 운인데 사주 일주에 12운성에 뿌리가 튼튼하면 만사무사하리라.

* 月六害 = 사주 월주에 육해가 되면 성질은 급하고 독하며 조출타향하며 조실부모하게 되며 겉은 부자가 부럽지 않은것 같으나 내면으로 실속은 가난하게 살 수 있으니 겉만 훤하고 안으로는 답답하게 살 것이란 뜻이며 인내와 강직한 생활을 유지하면 무난할 것이고 처별자손생사별의 일이 있을 수 있다.

* 日六害 = 사주 일주에 육해가 되면 사람 덕이 없다고 하는데 사람 덕은 내가 뿌린 씨앗대로 싹이 트듯이 내가하는 처세에 문제가 있다고 생각하고 처세를 바꿔 보기 바란다. 40세에 남자는 고신살이 있으면 재산 실패할 운이 되며 불연이며 불가인이 되리라.

* 時六害 = 시주에 육해가 되면 수입도 없는데 매일 바쁘기만한 운명이다. 형제는 없으며 있어도 무덕하며 재산복도 성패가 많으며 성공

실패가 아주 많은 사주이니 항상 매사에 미리 준비해 두는 것만이 살길이다.

* 月화개 = 사주 월주가 화개가 되면 초년은 풍파다유나 자수성가하며 형제간 불화하며 자식덕도 없으며 평생 직업은 예술가가 되든지 상공업이 대길하며 중년은 부자팔자이고 말년은 호걸팔자로서 한가하게 평생을 마무리 할 것이다.

* 日화개 = 사주 일주가 화개가 되면 머리가 좋다. 총명하고 재주도 있어서 학문으로 성공 발달할 것이고 학업을 끝맺지 못한 사람은 상공업으로 성공할 것이고 사주 내에 목욕살이 있는 사주는 상부상처하게 된다.

* 時화개 = 사주 시주에 화개가 있으면 문학예술가의 운명이라 한다. 사주 내에 역마살이 동주하면 예술로서 재산을 모아 부자팔자이고 만약 양인살이 있는데 화개 시가 되면 불전기도 하면 필히 귀자를 얻는 사주이다.

제 2편 각종비법

제 1장 각종신살편

1. 四柱에 위치

※ 四柱 天干日은 君王과 같은 위치이다.
※ 四柱 月支는 首都라고 본다.
※ 四柱에 用神은 首相의 위치이다.
※ 四柱 格局은 국가 정치활동이다.
※ 四柱 行운은 역사라고 본다.
※ 四柱 時柱는 吉凶長短을 命하는 것이다.

2. 육신 통변법

比肩 = 형제, 자매, 친구, 동료, 생질, 생남 등
劫財 = 형제, 이복형제, 友人, 남편의 妻
食神 = 남자는 장인, 장모, 조카, 손자
　　　 여자는 친가의 조카, 자식, 손자
傷官 = 조모, 외조부, 남자는 妻의 母
　　　 여자는 子息
偏財 = 男은 父親, 妾, 처의 兄弟
　　　 女子는 父親, 간부
正財 = 백모, 백부, 男子는 正妻

　　　　　女子는 시어머니
偏官 = 남은 子息 백모 조모 사촌형제
　　　　女는 간부 남편의 兄弟
正官 = 親子息 조카 여자는 正夫 조모
偏印 = 계모, 유모, 여자는 엄마의 兄弟
　　　　남자는 妻의 父母
印綬 = 손자 正母 남자는 장모
　　　　여자는 사촌형제
이상의 육친의 뜻은 암기가 꼭 필요할 것이다.

3. 왕 쇠 강 약의 비법
※ 월주 지지로 춘하추동의 계절을 보고 日天干이 기운을 받았는지를 보라. 旺衰라 하는 것이 가장 프로가 높은 점수라고 한다. 40%정도이다.
※ 12운성으로 月柱 日柱에 뿌리 있는가 없는가를 보는 것이 15%정도이다.
※ 天干 地支를 모두 合 쳐서 신강 신약을 정돈하는 것이 45%정도이다.

4. 신왕, 신약 사주 보는 법

생일을 主로 위주로 하여 모든 오행이 生하는 것이 더 많으면 신왕(신강사주)라 하고 日天干을 生하는 오행이 적고 극설하는 오행이 더 많으면 신쇠신약이라고 한다.

※ 身强 보는 법

　신강에도 3가지 종류가 있다.

① 첫째, 月令에 왕상 보는 것

예) 木日 天干이 春에 日支가 되면 旺 또는 冬節에 출생했으면 相이라 한다.

② 둘째, 일천간을 四柱 전체의 오행이 생하는 오행이나 즉 같은 오행이 더 많은것.

③ 셋째, 生日 天干이 地支에서 12운성에 생 왕 등 힘이 있는지 없는지를 본다.

※ 신강이라고 느끼는 것은 생월에 뿌리 있는 것이 제일이고 생일에 生旺이 되는 것은 둘째이고 시에 뿌리가 있는 것은 셋째로 본다.

※ 最强 四柱는 어떤 것인가

첫째 月令을 득하고 四柱中에 日天干을 生하는 오행이 많고 12운성에서도 뿌리가 튼튼한 것이 있을 때 身强四柱라 칭한다.

※ 중간 정도 强한 四柱는 어떤 것인가

日天干이 약하여도 四柱中 三干 四地支에서 日天干을 生하는 것이 더 많을 때 또는 12운성에 吉星이 있고 三合局이 되어 日干을 生하는 오행이 나왔을 때 中强四柱라 한다.

※ 소강지운이란 무엇인가

日天干은 得令하여 旺하나 四柱中에 협조해 주는 오행 없을 때 日天干은 실령이며 비겁의 오행이 약간 있을 때는 日天干이 실령도 되나 적게 되며 12운성에 生 浴 旺 등만 있는 사주이다.

※ 신약되는 사주는 무엇인가

첫째, 月令을 得하지 못하고 쇠약하다.
　　 日天干을 生하는 오행이 하나도 없을 때
둘째, 四柱中에 日天干을 生해주는 오행이 적
　　 을 때이다.
셋째, 12운성으로 병사장포가 붙어있으며 四
　　 柱기둥이 모두 弱한 사주이다.

※ 대신약 사주란 무엇인가

생월이 日天干에서 失令 하고 극설이 많은 사주에다 12운성까지 弱한 것이 붙을 때

※ 중간정도 身弱사주는 무엇인가

사주 月地에 月令을 받았으나 극설이 많고 12

운성도 약한 사주를 말하는 것이다.

※ 弱한 四柱는 어떤 것인가

日天干이 得令하고 극설의 오행은 적으나 年日時 地에 12운성에서 병 사 장 포만 있는 사주이다.

첫째, 水日天干 日生이 丑月에 出生한 사주.

둘째, 月年 時柱에 天干은 印星이나 比肩이 되어 日天干을 生할 때

셋째, 日天을 四地支에서 병 사 장 포로 뿌리를 얻지 못한 사주이다.

중강사주와 소약사주는 차별을 모를 정도이다. 중강은 中弱 中心에서 약간 강한 것이고 小弱과 小强은 중심점에서 약간 약한 자리에 있는 것이라고 판단하면 되는 것이다.

5. 부부이별 팔자는 무엇인가

男子는 正財가 本妻이며 여자는 正官이 남편이다. 남녀 다같이 日柱가 沖이 되면 이별 팔자라 하지만 중요한 것은 正財가 沖이 되든지 正財가 극을 많이 받았으면 妻가 도망가는 운이라 하지만 正官이 沖이 되고 극을 많이 받고 12운성에 병 사 장 포가 임하면 남편이 도망

가는 사주이다. 才星이 되는 간지 中에 他柱와 沖이나 破가 되면 이별할 팔자라 한다.
모든 六親도 동일하게 보는데 白虎殺은 死亡을 뜻하고 沖破는 이별을 뜻한다는 것을 명심한 후 旺인지 극인지를 살피는 것이다.

6. 처가 흉사하는 사주는 어떤 것인가
편재 정재의 才星이 妻가 되는데 妻宮이 白虎 되고 沖까지 된다면 또한 12운성까지 병 사 장 포가 임했다면 白虎는 피를 흘리고, 沖은 이별이므로 12운성은 죽은 나무로 보니 기어히 일찍 떠나간다는 뜻이 되는 것이다.
남자 사주에는 비견 겁재가 많아도 才星은 두들겨 맞는 형극이니 떠나가는 사주인데 또 비겁을 大運에서 만나면 그때 떠나가는 것이다.

7. 악사하는 사주는 무엇인가
삼형살, 양인살이 있으면서 도화살까지 있으며 日柱가 身弱한 사주는 악사한다. 또는 日柱가 삼형살이 되는데 또 白虎살이 있으면 사주가 어떻게 되겠는가 형무소 갔다가 白虎살이 있던지 양인살이 또 있으면 피흘리게 되니 꼼짝 못

하고 죽는 형국이 아니겠는가

8. 각종 비결집의 해설

※ 사주 용신이 인생 운명에서 나를 지켜주는 신이다. 그런데 나에 주인에겐 타 오행이 극을 많이 해온다면 주인이 죽는 것이 되니 거기에 따라 살고 있는 나는 어찌 되겠는가. 고아 아닌 고아가 되는 것이다. 그러니 결국은 내가 비참하게 되는 것이다. 가장 중요한 것은 용신이 되는 오행밑에 12운성에서 뿌리 없는 병사 장 포가 임해 있다면 그 사람은 주인 없이 떠돌아다니는 강아지와 같이 괴롭고 외롭게 하는 일도 안되고 결국은 단명하게 될 것이다.

※ 일주 천간이 내 몸이다. 내 몸을 월주와 대조시킨다. 월지지가 일천간을 생해주던지 같은 오행이면 월령을 받았다고 한다. 월령을 받았었다면 힘이 있으니 타주 간지에 생해주는 오행이 많은 사주는 신강이라 하지만 月令을 받으면 일단은 신왕이 된 것처럼 보며 다른 곳에서 일천간을 생해주는 오행이 있으면 신왕이라 칭한다. 그런 사주는 무슨 일이든지 할 수 있다. 할 수 없다는 것은 재물을 보면 재성이 약

하면 재물이 없는 것이기 때문이다.

일천간을 생하는 것이 많으면 극하는 것이 있어야 하며 극하는 것이 많으면 생하는것이 있어야 한다.

※ 사주 년천간 지지가 당년 1년 태세 간지와 충이나 극이 되면 재산 취업, 경매, 송사 등 불상사가 있고 대운이 또 일주를 극해 오면 자신이 사망하거나 처와 생사별하는 불상사가 있다.

단, 왕성한 사주는 무관하다.

신약사주일때이다.

※ 사주 내 일주가 자기의 몸이며 부부궁이다. 자기의 몸을 당년 간지가 충, 원진 등의 살이 되면 병액 경매등 하면 재물 실패 운이다.

※ 사주 일주 지지가 대운 지지와 복음이 될때는 대흉 운이며 손재 파재한다.

※ 사주 내에 형살(庚巳)등이 있고 대운년에 신을 만나면 삼형살이 되며 떨어졌던 부부가 붙는 것과 같이 되면 사업실패, 직장퇴직, 처가 죽는 일 등이 발생한다. 또는 형무소 가는 일도 생긴다. 축술미 자오, 묘유, 인신, 사해, 진진, 오오, 유유, 해해 등도 동일하다.

※ 출생한 사주가 火왕절 즉 巳午月에 출생자가 사주 내에 水가 없다면 파란이 많고 불구자 무자되며 泄氣하는 土가 있어도 무방하다.

※ 사주 네 기둥에서 시주가 공망이 되면 외가가 불행하고 월주가 공망되면 부모형제가 무기력하며 년주를 주동해서 일주가 공망되면 부부가 무기력하며 년주가 공망되면 사회적으로 하는 일들이 무기력하게 된다.

※ 상극= 년 월주를 당년 태세가 극해주면 부모 계를 주의하라. 사주 내에서 년월주 간지지의 오행을 타주에서 극해주면 초년에 실패 많이 하며 년주가 시주를 극해주는 사주가 되면 후반기에 고생하니 미리 준비 해두라.

※ 상충살= 일주와 월주가 충이 되면 자녀덕없고 처덕도 없으며 본인도 고독하게 산다.

※ 처덕= 남녀 다 같이 보는데 사주에는 일주가 12운성에 뿌리가 살아있어야 부부가 인연이 좋고 부부 덕이 있으나 병사장포가 임하면 부부 덕 없고 부자 되는 것은 다시 연구하라.

※ 혼인= 사주 일천간이 약할 때는 반드시 일지가 관살이 되면 편인 인수 대운들 때 혼인하며 여자도 동일하다.

※ 출산= 사주 내에 인성이 많고 대운이 재성이 될 때 생남하며 비견 겁재 많으면 식신 대운 들 때 생남한다.

※ 운로는 대운이 용신을 생해주는 운도 길운이며 용신과 같은 년도 길하고 용신을 극하는 운은 나뿐해이다.

※ 남자 대운에 편관 정관이 들었을 때 12운성에 묘 등이 붙게 되면 본인이 관재가 들든지 몸을 다치게 되고 재성 대운에 묘 장이 붙으면 본처가 해를 보고 편재 대운에 묘 장이 붙으면 부친이 사망한다. 여자는 식신 대운에 묘가 붙으면 자식이 해롭고 편관 정관 등에 묘 장이 붙으면 남편이 죽는다.

※ 사주 일주 지지와 대운 지지가 형 충 해 살을 당하면 부부간 이별한다.

※ 당년 간지지가 사주 용신을 극하면 흉하고 상생되면 길하고 재수있다.

※ 대운 볼 때 대운이 금년 운을 극하면 금년 운은 나뿌다. 대운이 금년 년운 간지를 생해주면 길하다.

※ 사주 용신과 당년 간지와 생이 되면 길하고 극이 되면 흉한데 특히 용신을 잘 보아야 한

다.

※ 당년태세 간지가 四柱 月柱 日柱와 沖 破 害되면 구설 이별 투쟁 직업변동 등이 있다. 특히 日柱와 刑沖되는 것은 본처의 운이 불길해지고 月柱支와 沖破되면 父母宮에 凶하다.

※ 대운이 用神年이 되어 吉한 年이더라도 日柱와 刑沖이 되면 하는 일이 실속 없고 실패하게 된다. 그러므로 日柱와 沖破되면 用神年이라도 害를 당한다.

※ 用神年 대운을 만났더라도 당년 신수에서 대운을 상극시키면 흉하고 생하면 吉하다.

※ 일년신수 보는 법은 매년운 보는 것인데 유년 干의 오행과 용신오행을 대조하여 상생 상극을 본 후에 四柱 日干과 幼年천간과 육신을 부쳐서 무엇이 吉凶이라는 것을 명시한다.

※ 용신으로 당년운을 보는데 天干은 用神年이므로 吉하고 地支는 오행으로 보지 않고 沖 破 害등의 살로 대조하여 地支와 상대하여 沖은 이별, 破는 수술, 害는 실패 등으로 설명한다.

※ 每月신수 보는 법은 사주의 용신으로 매월의 천간과 상대시켜서 月天干 五行이 用神月이 되든지 用神을 生하는 月이 되면 吉한데 무엇

이 吉한것인가는 六親을 붙여서 그 육친의 뜻을 설명하는 것이고 用神을 상극하면 육친의 뜻으로 나쁘다고 설명한다.

※ 身强 四柱에 挑花殺이 있으면 언론계로 성공한다.

※ 四柱에 巳酉와 12운성에 浴字가 있으면 도화살이 있다고 본다. 즉 巳月生이나 巳日生 酉月생이나 酉日生도 도화살이 있는 사람이라고 본다.

※ 四柱 月柱 地支가 巳日 酉日生은 하체가 강하다.

※ 酉年 酉日생은 섹스에 강하다.

※ 官殺은 四柱에 많든지 月柱에 官殺이 앉으면 잡병 질병이 오며 단명하다.

※ 四柱 日柱 天干이 土면 家內공업 성공한다.

※ 四柱 內에 辰 戌 丑 未가 모두 있는 사람은 남자는 폭군이며 여자는 고독하다. 寅申巳亥가 모두 있는 여자는 과부이고 子 午 卯 酉가 모두 있는 여자는 역시 과부팔자이다.

※ 백말띠란 丙午생을 말한다. 이유는 火火가 되기 때문에 땡볕에 말띠란 뜻이다.

※ 신왕사주란 四柱八字 中에서 日天干을 生하

는 오행이 3개만 되는 것인데 이외는 신쇠사주이다.

※ 부자사주 身旺 財旺에 12운성에 生旺이 才星에 同住하면 富貴하다.

※ 官祿이 吉한 사람은 身旺에 官旺이면 官운이 있다. 단 12운성에 병 사 장 포가 官星에 同住하면 成功 못한다.

※ 四柱 內에 어느 곳에 있든지 백호살, 삼형살, 양인살 등이 있으면 성격은 온순하면서 강직하고 잔인성도 내포되어 있다.

※ 四柱 감정 통변 등은 어렵게 생각하면 한 인생 끝날 때까지 통변 못하게 되는 것이다. 학문도 상식적인 문제이며 이 세상 살아가는 원리와 순서 순리가 있듯이 四柱 통변술에도 순서와 순리 이치가 같이 하는 것이니 이것을 터득하면 누구나 통달 할 수 있는 것이다. 가령 사주 日柱가 火日생이 火가 四柱에 많다면 (3개이상) 그 사람은 火로 인한 병이 올 것이다. 火에 병은 고혈압 심장질환 중풍이 되는 것이니 이런 식으로 연구하여야 한다.

※ 귀문관살이란 무조건 정신병 온다, 정신착란증이 온다고 하는 것이 아니고 身旺四柱는

즉 능히 모든 일 해낼 수 있는 힘이 있기 때문에 신왕사주가 귀문관살이 있으면 큰 인물 즉 큰 무녀가 되는 것이다. 신쇠사주라면 감기만 와도 골골하는 상태인데 신에 작용의 병이 온다면 이길 수 없어서 병으로 진행이 될 수 있다는 것을 연구하기 바란다.

귀문은 日辰으로 子一酉, 丑一午, 寅一未,
 卯一申, 辰一亥, 巳一戌, 午一丑, 未一寅,
 申一卯, 酉一子, 戌一巳, 亥一辰이 된다.

9. 女命 보는 법

※ 여자사주를 볼 때는 첫째 夫星을 본다. 夫星은 운명의 目的占으로 하고 夫星의 旺衰 喜忌 吉과 惡으로 幸不幸을 안다.

※ 두번째는 子星(食神)을 살핀다. 子星은 食神인데 食神이 破 剋등에 따라 子女의 善惡, 孝, 不孝를 알고 나가서는 말년에 成敗를 알수 있는 것이다.

※ 女命은 자기 행운의 선악은 다음으로 미루고 夫와 관계 또는 子孫과의 善惡을 주로 보고 夫子육친 밑에 12운성에 뿌리가 있으면 德有하나 병 사 장 포가 임하면 夫子 덕 없다.

그렇기 때문에 독신女는 자기의 운명에 따라 생활한다. 남편이 있는 여자는 자기와 夫子星이 대등하게 보면 된다.

※ 여자사주가 자기가 너무 강하면 夫子星에게 의지할 필요 없이 혼자 사는 운명이니 과부팔자라고 한다. 남편 夫星이 극파하든지 12운성에 병사장포가 임하면 獨身寡婦사주이다.

※ 女四柱는 柔함을 좋다고 하며 강하면 나쁜 사주라 한다. 夫星 子星밑에 旺이 붙어야 吉하고 병 사 장 포가 임하면 無德하다고 본다.

※ 四柱에는 합이 적어야지 합多면 나쁜 사주이다.

※ 四柱 內에 夫星이 없는데 현명한 남편이 있는가하면 子星이 없는데 子女가 많음은 필히 暗장된 子 夫 星이 있으면서 뿌리가 튼튼하게 되었기 때문이다.

四柱中에 夫星子星이 나타났는데 남편이 천박하다든지 子女가 적고 덕이 없다면 이것은 相生 剋에 의하여 조립된 것이다.

※ 부자되고 가난하고 수명관계 등은 四柱 자체가 순환 조화가 잘 되는 것인지에 따라 문제가 생기는 것이다.

※ 남편은 官星인데 官星이 많은 사주는 오히려 나뿐 부부관계이며 天干에 있고 地支에 있는 것은 관계 없으나 天干에 2개또는 地支에만 2개이상 있다면 나뿌다.

제 2장 화청 귀명법

1. 和命이란 무엇인가
和란 中和가 잘된 것과 身柔弱하고 一官이 있으면 沖 破 剋 害의 공격이 없어 戰剋이 안된 평화한명이다.

己 己 辛 壬
巳 卯 亥 辰
旺 病 胎 衰

화란 夫星도 一개만 있고 破 剋 害의 공격이 없고 戰剋이 안되고 평화롭게 되어 있다하여 부르는 말이며 이 사주는 己土日柱에 官은 甲이 正官이고 亥月地支에 甲木이 들어있으며 亥로 申을 보면 生地라. 생지를 득하였다 또는 巳時장간 庚과 卯日장간 乙이 合局이 되어 庚

으로 巳를 보면 생이 되며 子星이 생이 된 것이며 夫 榮子長生이라 益夫旺子다. 비록 卯地에 죄하여 七殺이 되나 巳中庚金이 乙庚 制合하여 去殺留官하니 平和之命이다.

2. 淸命이란 무엇인가
사주가 복잡하지 않고 夫星이 純一하고 官殺混雜 정편교집 형충파해 合多등이 없고 통쾌한 命式을 정숙 순화한 婦明이라 한다.

甲 乙 壬 己
申 未 申 未
戊 丁 戊 丁   지장간 105페이지 참조
壬 乙 壬 乙
庚 巳 寅 巳

이 命은 乙은 庚으로 夫星이요, 庚은 申地에坐祿하였다. 壬水가 인성이 되며 申에 長生이요 坐下未土는 乙木의 財가되어 왕재는 능히 生官을 한다.
命式이 刑 沖 破 害가 없으니 淸命이다.

3. 貴命이란 무엇인가

귀는 尊榮이다. 乙德(財官)을 득하면 女命은 일국에 장이라. 편인 식신을 더하면 금상첨화이다.

壬 丁 丙 甲
寅 亥 寅 午

命中에 귀격을 구성하고 파격이 안되는 것 命은 丁이 壬으로서 官星이 되고 壬에서 甲은 食神이 된다. 日柱에게는 인수가 된다.

壬水는(官星) 丙一水를 用하여 財가 되고 亥에 祿이 되어 二 貴를 得하였다. 壬水가 寅에 쇠약하였으나 서북행로에 夫旺인고로 大貴命이다.

4. 濁命(탁명)이란 무엇인가

탁이란 混濁이다. 正偏官交集하며 혹은 正官無하고 偏官太旺하며 五行이 이 위치를 失하여 上下, 轉倒(전도)하며 夫干을 剋하며 地支沖戰하며 制化하는 것이 없고 財星 食神 인수 등의 吉神이 없는 것을 下천之命이라. 娼妓(창기)婢妾(비첩) 淫人(음인) 등이다.

己 癸 乙 己
未 丑 亥 亥

癸水가 亥月생이라. 水가 太旺한데 戊土가 癸水에 夫(官)이 되는데 己未時가 偏官이며 편부인데 丑未沖이 되어 모두 外夫가 되었다. 官이 혼잡해졌다. 乙木食神이 干旺하여 己土를 극하니 鬼殺이 動하고 怒殺(노살)이 되어서 癸身을 敗葬하니 濁命이다.

乙 辛 甲 癸
未 酉 寅 未
丁 庚 戊 丁
乙 辛 丙 乙
己 　 甲 巳

이 命은 辛酉가 八字中에 自旺하여 丙火를 用하고 正官이 되는데 丙火가 寅에 長生되니 寅에서 正官 旺하여 夫가 본래는 좋으나 단 乙未는 庫中財가 야기되고 未中의 丁火가 暗夫가 되어 暗庫에 兩夫하니 重過하여 明夫 暗夫가 交集되었다. 비록 正夫가 있다 할지라도 重夫

를 면치 못할 것이다.

* 람명(濫命)
命中 夫星관성이 많고 沖살 안되고 地支 暗中에 財星이 旺하여 日時에 挑花 陰陽殺이 있는 것을 말한다. 람명이란 剋夫하여 再嫁하며 주색음관 花術之命 또는 婢妾之命이다.

丁 庚 丙 庚
亥 申 戌 寅

이 命은 庚申이 健旺하고 丙火가 夫가 되어 寅戌이 合局하고 時干의 丁火가 重火의 愛情이니 庚辛金은 寅을 暗剋하니 寅亥 木은 財가 되며 壬水는 生財하고 이 사람은 비록 미목유복하나 偏正官이 兩愛(양애)하고 暗財食이 강하여 妾命이다.

丁 己 甲 戊
卯 未 寅 子

이 사주는 正月 甲木正官이 旺한데 地支 卯未

合局하여 편관이 또 있고 甲己合土 中正之合이라. 正夫가 있고 총명수려하나 暗으로 편관이 있으니 운명이 편치 못한 사주이다.

甲 戊 己 乙
寅 午 未 酉

戊午日생이 羊刃에 坐하며 月令을 得하여 身旺은 하지만 生年乙木이 正官인데 酉에 앉아서 絶地에 앉아있고 日天干으로는 死에 해당하니 생시 甲寅은 偏官이 건록에 坐하고 福은 있으나 나는 正夫를 불원하고 偏夫의 旺에 종한다. 즉 간통하여 간부가 있는 사주이다.

제 3장 격국 작성하는 요령

※ 丁日柱에 亥月이면 正官格이 된다.
그러나 地支中에 未卯字가 있으면 三合木이 되어 三合印綬格이 된다. 天干과 月支 상대하여 六親 붙이는 것인데 그것이 格이다. 그러나 三合이 되어 변할때는 格局의 이름이 달라진다. 참고 하여야 한다.

※ 사주천간이 己日 申月이면 상관격이다.
그러나 申中장간에 庚金이 암장되고 壬水가 天干에 透干되면 상관을 버리고 壬水 財星을 格으로 정하는 것이다.
※ 四柱 辛日生 寅月이라면 正財格이다.
만약 寅中에 丙火가 透干되면 財旺生官하니 官이 格局이 되는 것이다.
※ 사주 일천간이 壬日戌月이면 편관격이다.
만약 戌中 辛金이 透干되면 殺印相生化格으로 보는 것이 원칙이다.
※ 四柱 日天干이 癸日 寅月生은 상관격이다.
午戌이 있으면 寅이 격이 아니고 火로 변화했으니 丙火가 天干에 있으면 財格이 되는 것이다.
※ 사주 日天干이 乙日寅月生은 劫財格이다.
地支中에 午戌이 있다면 食傷生財格으로 보며 劫財로 보지 않는 것이니 주의하라.

(예)
乙 壬 壬 丙
巳 甲 辰 子

日天干이 壬水日에 辰月은 편관격이지만 甲子 辰 水가 나와서 辰에 乙木이 時頭에 있으니 이것을 透干이라 하며 상관이 才를 生한다하여 상관생재격이라고 이름한다.

(예)
乙 甲 己 乙
亥 申 卯 亥

사주 月令에 羊刃이 되니 羊刃格이라 한다. 또는 12운성에 冠이 임하면 건록격이다.
申中 庚金이 卯中 乙木과 암합이 되어 有情하다. 官殺格이 될 수도 있는 것이다.

※ 日天干이 辛日 寅月生이면 正財格이 되는데 寅에는 丙이 있는데 四柱天干에 丙火가 있으면 財生官 官格이 된다. 甲木이 있어도 天干에 투간되면 正財格이 되는 것이다. 또는 관살격도 될 수 있는 것이다.

※ 日柱 天干이 乙日 申月生은 正官格이라 한다. 申中 戊壬庚이 암장되어 있는데 그 세 개 중 어느 것이든 年 月 時 天干에 같은 지장간만 있으면 그것이 격국이 되는 것이다.

1. 尅 制 化 扶 抑의 뜻을 암기해 두라
※ 相生이란 만물을 성공시키는 즉 育成하는 것이라 한다.
※ 相尅이란 서로 상하게 하는 것인데 상대를 굴복 시키는 뜻을 가지고 있는 강직하다.
※ 制란 어떤 용신을 상하게 하는 것을 못하게 하면서 항복시키는 역할을 하는 신이다.
※ 化란 나뿐 뜻으로 상대에게 피해주는 사람을 그 사람을 도와주도록 하는 것이다.
※ 扶란 약한자를 생부해주는 것을 말한다.
※ 抑이란 강하게 엄격하게 나가는 것을 억제시키는 것을 뜻한다. 또는 못하게 한다.
※ 생시는 12운성에 병 사 장 포가 아닌 것이 있어야 좋은 사주이다. 그러나 뿌리가 없는 時柱는 나쁘다고 본다. 중요한 것이다.
※ 用神이 時柱에 있는 것을 가장 吉하다고하지만 뿌리가 살았을때 하는 말이다.

2. 알아야 할 단어 몇 마디
※ 天元이란= 陽이며 淸輕하여 天元이다.
　　　　　　天干을 말한다
※ 地元이란= 地는 陰이며 12地支를 말한다.

※ 人元이란= 地支장간에 天地中 사람이 첫째 이기 때문에 사람을 말한 것이다.
※ 堤綱= 月地支를 재강 月垣(월원)이라 한다.
※ 透干= 지장간에서 나온 天干中에 四柱 天干 네기둥에 같은 天干이 있는 것을 透干이라 한다.
※ 深藏(심장)=심장이란 地支장간중 내가 쓰지 않는 장간을 말한다.

3. 신왕사주란 어떤 것인가

태어난 절기가 春節에 出生한 사람이 木日生이라면 旺이 되고 冬節은 相이고 日天干과 月과 상생또는 비화되면 왕이 되고 日天干의 地支에 12운성에 吉한 旺生이면 왕이 된다.

※ 강한것은 生月에 12운성에 뿌리가 있으면 제일 강하다고 한다.

둘째는 생일이나 생시가 12운성에 生旺이면 둘째이고 셋째는 年支가 12운성에 뿌리가 살았다면 세 번째로 강하다고 한다.

다시 말하면 1번은 月柱 2번은 日時 병 사 장 포가 아닌 것이고 3번은 年支가 병 사 장 포가 아니면 강하다고 한다.

(예)
甲 甲 丁 甲
子 子 卯 寅
욕 욕 왕 관

※ 이 사주 日天干 木에 卯月은 旺이니 月令을 득함. 50%라고 본다.

※ 사주 日天干에 대하여 年月時같은 五行이 있는 것도 사주가 힘을 얻었다고 하며 또는 水가 있어 日天干을 生하여도 30% 정도이다. 힘이 있는 것이다.

※ 사주 年地支에 冠(건록) 月地支 旺이 해당하면 通根이라하여 20%라 한다. 적은 운으로 본다

4. 中強四柱란 어떤 것인가

※ 사주 日天干이 失令해도 他五行이 日天干을 生해주고 12운성에 뿌리가 살았으면 또는 三合되어 日天干을 生하는 오행이 있을때이다.

※ 사주 생일이 生月의 月令을 힘을 받았으나 他柱 五行이 日天干을 生하는 것이 적을때 이다.

※ 四柱 月 日 時 모두 12운성에 힘을 얻으면서도 他五行이 生해주는 오행이 없을때이다.

(예)
戊 壬 酉 庚
申 寅 子 寅
생 병 왕 병

※ 四柱 壬水日柱 子月에 得令하여 旺이 되었고
※ 四柱中 극설이 많아 協助하는 神은 적은 사주이며
※ 四柱 日地支에 12운성에 病이고 時支에 生이 되어서 힘이 있는 것으로 본다.

5. 신약한 사주는 어떤 것인가
아주 약한 신약도 세가지가 있는데
① 첫째는 사주 月令을 得하지 못한 것 쇠약하다든지 月令을 得하였다해도 四柱中에 극설이 모두이고 하나의 日天干을 生하는 神이 없을 때 신약한 사주이다.
② 둘째= 四柱 三干 四地支 五行이 日天干을

生扶하는 五行이 적을때이다.
③ 셋째 四柱에 12운성이 四柱 地支에 병 사 장 포가 모두이면 뿌리가 없다하여 신약이다.

6. 最弱한 사주는 어떤것인가.
四柱 五行 전체에서 설기, 극이 많으면서 12운성도 쇠약하고 月令도 失令된 사주이다.

(예)
庚 甲 庚 戊
申 午 申 申

첫째, 甲木 申月 失令 50%
둘째, 사주의 四柱의 三干 四地 五行모두 日天干을 극설한다.
셋째, 四柱 四地支모두 12운성 뿌리 없는 것.
　　　이것이 최고로 약한 사주라 한다.

7. 중약사주란 어떤 것인가
※ 四柱 日天干이 月令은 얻어 旺하나 四柱 干地모두 극설이 많고 12운성에 뿌리 없는 것을 말한다.

※ 四柱 失令이 되나 극설기가 적을 때이다.

(예)
癸 丁 丙 甲
卯 亥 子 子

※ 日柱 丁火日生이 子水月이 되어 失令하고 힘이 없다.
※ 四柱 年 月 時 日天干을 生하는 오행이 하나 둘 셋 정도 있는 사주이다.
※ 四柱에 12운성에 根이 약한 사주이다.

8. 小弱한 사주는 어떤것인가
※ 四柱 日天干이 得令하고 극설의 신이 적으나 12운성의 뿌리가 네 기둥에 없으니 소약하다.

(예)
癸 壬 壬 壬
卯 寅 丑 巳

※ 水 日天干이 丑月에 出生하여 失令하였다.

※ 年 月 時 天干은 日天干을 生하는 오행이 있다. 같은 水도 생해 주는 것이다.
※ 四柱 전체에서 모두 뿌리가 없는 것이다. 뿌리 없는 나무가 살 수 없다.
※ 中强과 小弱과의 차이는 거의 없을 정도이다. 중강은 중약 중심에서 약간 强한 것이고 小弱과 小强은 중심점에서 약간 약한 자리에 있는 것이라고 보면 될 것이다.

9. 격국법

※ 寅中 巳 亥月은 초기를 인정하지 않는다.
※ 子 午 卯 酉月은 地支 장간의 透干하지 않아도 그대로 格으로 정한다.
예를 들면 寅月일때 甲木 丙火를 말한다.
※ 辰 戌 丑 未月은 本氣의 陰陽에 관계 없고 透干하면 格으로 정한다. 자세히 보라.
※ 午月의 己土는 透干해도 格으로 정하지 않는 것이니 착오 없기 바란다.
※ 戊午 羊刃格은 午中에 己土가 透干해야 羊刃格으로 인정할수 있다. 참고 할 것.
※ 從格은 오행이 똑같아야 하고 月令의 생을 받아야 종격으로 인정한다.

※ 기세가 동일하지 않을 때는 가종격이 되니 일반격과 같이 大運에 따라 成敗가 나누어지는 법이다.

10. 格局의 用神法
(1). 正官格에는 印星用神이다.
(2). 偏官格에는 食神用神이다.
(3). 正財格에는 印星用神이다.
(4). 偏財格에는 食神用神이다.
(5). 食神에는   印星用神이다.
(6). 傷官格에는 印星用神이다.
(7). 偏印格에는 印星用神이다.
(8). 印綬格에는 正印에는 四柱强弱으로 용신을 정한다. 官殺이 용신이다.
(9). 羊刃格은 破格이 되는 수가 많으므로 强弱으로 用神을 정하는 것이 원칙이다.
(10). 建祿格에는 印星이 용신이 된다.

※ 용신법에 대한 연구
사주 日柱가 旺한데 食神 傷官이 旺하면 재성이 용신이다.
사주 日柱가 旺한데 官殺이 盛하면 상관이 용

신이 된다.

사주 일주가 왕한데 食神 傷官이 왕한데 재성이 없으면 인수가 용신이 된다.

사주 日柱 왕한데 官살이 성하면 상관이 없으면 才星이 용신 된다.

사주 日柱 왕하며 관살도 왕한데 상관도 없고 재성도 없으면 관성이 용신이 된다.

사주 일주가 왕하고 재성이 있으면 식신 상관이 용신이 된다.

사주 日柱가 왕하고 才星이 盛한데 관살도 없고 식상도 없으면 재성이 용신이 된다.

사주 일주가 왕하고 印綬가 왕하면 재성이 용신이 된다.

사주 일주가 왕하고 印星이 왕한데 재성이 없으면 관살이 용신이 된다.

사주 일주가 왕하고 인수가 왕하고 재성도 없고 관살도 없으면 식신 상관이 용신이다.

사주 일주가 왕하고 비겁이 많으면 관살이 용신이 된다.

사주 일주가 왕하고 比劫이 많은데 관살도 없고 식상도 없으면 才星이 용신이 된다.

사주 일주가 약하고 식상이 많으면 인수가 용

신이 된다.

四柱 日柱가 弱한데 食傷이 많고 인수가 없으면 才星이 用神이 된다.

四柱 日柱가 弱한데 食傷은 많고 인성도 없고 재성도 없으면 비겁이 용신이 된다.

四柱 일주가 약하고 관살이 왕하면 인수도 용신이 된다.

四柱 日柱가 弱하고 관살이 왕하고 인수도 없으면 食傷이 용신이 된다.

四柱 日柱가 弱하고 관살이 왕하고 인수 없고 식상도 없으면 비겁이 용신이 된다.

四柱 日柱가 弱하고 인수가 많으며 재성이 없으면 比劫이 용신이 된다.

사주 일주가 弱한데 인수가 많고 比劫과 才가 없으면 관살이 용신이 된다.

사주 일주가 弱한데 인수가 태왕하면 才星이 용신이 된다.

제 4장 格局의 해설편

1. 正官格의 해설

가정 집안이 내력이 좋은 편이다. 부모가 공직

자나 또는 선비집안의 출신이며 가정교육이 좋은 편이다. 많은 사람의 모범이 될 만하며 부부간에서는 고지식하다는 별명을 얻게 되는 사람이니 청렴결백한 사람이다. 체면을 많이 따지는 원리원칙을 따지는 사람이다. 국가를 사랑하는 관직생활이 맞다. 용신이 허약하거나 日干이 太弱한 外富內貧한 사람이다. 여자는 직장 생활하다가 혼인하는수 많고 생활력이 강하다.

(해설)

月支正官이나 透干된 正官일때 寅星用神을 쓰는 것으로 印星用神 外에는 抑扶用神을 쓴다. 대표적인 抑扶用神은 正官格에는 財多 身弱하고 比劫이 없어서 印星用神할 경우는 比劫이 하나라도 있으면 比劫을 用神으로 삼을수 있다.

※ 身旺하고 官旺하면 貴命이다.
※ 身이 衰弱하면 凡夫이다.
※ 身旺 太旺하면 소문만 요란하고 실속은 없는 사람이 많다. 才星이 나를 生할때는 반대이다.

2. 편관격의 해설

偏官殺이 旺하고 食神도 旺하면 貴命 殺旺하고 傷官이 合殺이 되면 中命殺이 旺하고 食傷이 弱하면 下命이라 할 수 있다.

(해설)

앞날은 안다는 사람으로 머리가 좋다. 내성고집이 강해서 他人과 어울리는 것을 좋아하지 않으며 妻子와 이별 수 있고 자손 덕 없다. 목적을 위해서는 부모도 버릴 수 있는 성격이다. 傷官이란 글자가 안하무인격인 글자라면 편관격에 상관 용신이 되는 자는 전혀 두려워 하지 않고 대처 방법도 알고 있는 현명한 사람이다. 직업은 군인계통에 특수요원이 될 사람이다. 약자를 도우는 사람이라 할 수 있는 사람이다.

3. 정재격의 해설

※ 身弱하고 官殺이 旺할 때 이다.

※ 身弱하고 식상이 왕할 때 이다.

※ 日干이 通根하고 印星이 生하면 上命이라 할 수 있다.

부친 덕 있고 재복 있고 여자는 부모근처에서 살게 된다. 처음은 吉하나 다음 운이 약하다고 본다.
직업은 교육자등이 吉하다고 한다.

4. 偏財格의 해설
사업가의 운명이며 교통 운수업 등이 吉하다고 본다.
계산이 빠르니 회계사 은행계통에 직업도 吉하다. 첫 자식 낳고 부부간에 언쟁이 심하다고 할 수 있다.

5. 食神格의 해설
직업은 교육자 吉하다 재물은 탐하지 마라 큰 부자 되는 것은 어렵다. 부부 덕은 없는 여성이라고 보고 남자도 같은 운명이라고 한다.

6. 傷官格의 해설
변호사 약사 변리사 설계사 등의 자격증을 갖는 사주이다. 역학도 吉하다. 병은 정신병을 주의하라. 이런 사람은 가깝게 하면 떨어지고 떨어질라 하면 가깝게 다가오는 사람이니 특별한 고집을 갖고 있는 사람이다.

7. 偏印格의 해설

온실속에 화초처럼 자란 사람이니 무엇이든 끈질기게 하여야 성공한다. 교육자 언론가 출판 사업등이 吉하다. 행정관리 기획 마케팅 컨설팅 등도 포함되지만 특히 교육자가 좋다.

8. 印綬格의 해설

凶格이라고 하는 偏官, 傷官, 陽刃, 偏印格등은 용신을 반대로 잡는 수가 있으나 이외는 순행용신 한다는 것을 명심하라.

9. 陽刃格 구조 방법

※ 구조 방법 = 日天干이 陽이면서 月支가 양인이면 양인격이 된다.
※ 日天干이 比劫으로 身旺하지 않고 양인이 왕하고 살이 旺할 때 양인격 이라 한다.
※ 양인살이 있는데 食傷이 없을 때이다.
※ 財星이 印星을 극하지 않고 財星이 살을 생할 경우도 양인격이라 한다.
※ 印星이 財星에 의해 극을 당하지 않는 위치에서 살이 인성을 생하는 경우이다.
※ 陽刃이 있고 殺이 없는데 食傷으로 설기하

는 경우에도 양인격으로 본다.
※ 양인살은 子 午 卯 酉 地支가 되는 것 己卯
丙午, 壬子 월지가 되는 것을 말한다.
양일 천간일때 12운성에 旺이 양인이고
음일 천간일때 帶가 양인이 되는 것이다.

10. 건록格 구조방법
※ 食傷이 太旺할때 상처한다. 또는 이별한다.
※ 官殺이 太旺할때 殺印殺生이 된다.
큰아들 역할과 가장역할을 할 운명이다.
早失父母도 할 수 있다는 뜻이다.
사별도 한다.
교육자 경찰 법무행정 군사행정 등의 직업이
길하다. 특히 법무행정이 길하다.

11. 六親의 通変法
※ 月天干 劫財면 남녀 다같이 父親 早失한다.
※ 月天干 劫財有면 남자는 喪妻한다.
※ 月地支에 편인 有면 남자는 장인 장모早死
※ 月地支에 편인 有면 여자 자손과 이별수有
※ 日地支에 편인이 有면 여자 무자식
　　　　　或 有라도 早死

※ 日地支에 편인 有면 男子는 장인 장모 早死
※ 時天干에 傷官 有면 여자는 男便 早死
※ 時天干에 傷官 有면 男子는 무자식 팔자
※ 時地支에 상관이 有면 男便 多病
※ 時地支에 상관이 有면 男子는 딸 없음

제 3편 格에 특징과 직업

제 1장 종합해설

1. 식신격의 특징

命理格에는 많은 변화가 各局마다 있는데 특히 식신격은 中和가 되면 마음이 넓다. 마음도 착하고 순수성이라 하겠다. 격국 자체가 순탄하게 모든 악살이 없는 사람은 걱정 없는 사람이다. 격이 탁한 사람은 좁은 성격의 소유자이기도 하며 신경질도 많다. 日柱가 木인데 火가 식신되는 식신격은 木火通明이 되어 총명하고 학식이 있어 이름난다, 똑똑하다. 火土 식신격은 사람이 조금 조급하다 신경질이다. 土金 식신격은 다재다능하다, 욕심많다. 金日柱에 水가 식신이 되면 학문이 넓다. 아는 것도 많다. 水

木 식신격은 사람이 쾌활하고 매사에 재주 있고 속도 깊은 사람이다.
※ 식신격인 사람의 직업
사주 식신격이 되는 사람은 두뇌로 하는 직업이 길하고 식신격이 正財가 있으면 자영업 봉급생활 吉하다. 식신격이 편재가 있으면 스케일 큰 사업가 팔자이다. 식신격에 편재, 정재 다 있으면 음식업이 吉하다. 식신격은 남을 이끄는 힘이 있다. 才는 식신격에 원신이기 때문에 돈 만드는 재주도 있고 경영자가 맞는 직업도 된다. 회사 사장의 팔자이다. 식신격에 인성이 중요한 일을 하는 사주라면 대학교수 선생등의 직업이 맞기도 한다. 또는 책방도 吉하다.
식신격에 官이 用神이 되든지 중요한 오행이 되면 지도자의 직업이 어울린다. 두령격이다. 여자는 식신격에 식신이 많으면 화류계로 나갈 수도 있다. 또 탤런트도 될 수 있다. 식신격에 年月上에 到食이나 비겹이 있으면 초년 실패하고 부모 재산 탕진한다.
재산주의 하여야 한다.
水日에 木식신격의 직업은 의류섬 섬유업 吉하다, 제조 공장도 吉하다. 크게 성공한다.

木日에 火식신격의 직업은 건축 토건 제조업 吉, 중개업도 吉하다. 잘된다.
火日에 土식신격의 직업은 임대 건축토목 吉 부동산업도 吉하다. 큰 성공한다.
土日에 金식신격의 직업은 水業 유통업, 제조업 吉하다, 배사업 등도 吉하다. 성공한다.
金日에 水식신격의 직업은 농업 농산물유통업 吉, 무역사업도 吉하다. 돈 많이 번다.

2. 상관격의 특징

사주 상관격인 사람은 재주도 많고 머리도 좋다. 상관격인 사람은 바른말 잘한다. 상상력도 있고 생각하는 연구심도 강하다. 언변화술도 뛰어나다. 사치도 좋아하며 남을 다스리는 면이 특출하다. 성공한다.

첫째, 겁이 없다. 마음은 아쌀하다. 많은 것은 말이 많은 사람이다. 남에게 잘해주고 후회하는 일 많다. 어떻게 보면 융통성이 없는 사람과 같이 보이기도 한다. 양면성의 사람이다. 상관격은 부하나 나이 어린 사람을 좋아한다. 여자는 애교가 없으며 눈은 높으며 특수하게 남다르게 결혼하는 여자이기도 하다. 식신격은 몸이 마른편이나 상관격은 살찐 사람이 많다. 자기 실력은 적은 것으로 그대로 쓰지 더 배우려하는 욕심이 없는 것이 특징이다. 욕심은 없는 사람이다. 융통성이 많은 재주꾼이다.

※ 상관격의 직업
사주 상관격에 財星이 있어서 才를 生하면 사업가 팔자이며 印星을 가지고 있으면 출판 인쇄업 등 길하다 책방도 吉하다.
상관격에 인성이 吉星이 되면 대학교수 팔자이며 상관격인데 상관을 生하는 오행이 많으면 세무사 회계사 철학 감찰 등 직업이 吉하다. 또는 수산관업도 吉하다. 경찰 등이다.
상관격에 비겁이 왕하면 직장 생활에 가장 좋다. 기능직도 吉하다. 차 운전 등이다.
상관격에 財를 生하는 오행이 많으면 모든 직업 중에서도 商業 은행업이 吉하며 일수 놀이 등도 길하다. 특히 중개업 등이 좋다.
상관격에 식상을 生하는 오행이 많으면 발명가로 명성을 날리며 욕심은 적은 사람이다.
상관격에 官殺이 太旺하면 관록 吉하며 완전한 직업이 사주에 맞는 것이다. 투기업 대흉.

3. 편재격의 특징

이 사람은 화술이 좋고 모든 일에 철두철미하며 진실하고 거짓이 없는 사람이다. 모든 일에 적응도 잘하며 매사에 해결도 잘한다. 수단이 능수 능난하다. 편재는 역마살과 같은 역할을 하므로 변동 이동적이며 다니는 스타일이며 이사도 잘하는 사람이다. 특히 말도 많은 사람이다. 수단도 능수 능난하여 사람들과 잘 어울린다. 아는 사람이 많다. 편재격인데 편재되는 글자가 他柱에 食傷의 生을 받으면 풍류적이고 화술이 인기이다. 하는 일도 크고 멋쟁이 사람이다 또는 통도 크다. 의리와 정다운 면이 있어서 남을 도우는 역할도 잘한다. 돈쓰는 법도 화끈하게 쓰고 조금 헤픈면도 있고 씀씀이도 잘쓴다. 낭비가 심한 사주이다.

편재격인 사람은 돈거래는 깨끗하다. 약속은 잘 지킨다. 편재격인 사람은 재복은 타고난 사람이다. 그러니 평생 의식 걱정은 없다.

여자복은 많은데 특히 여자로 인해 손재수도 있을수 있으니 여자사기를 조심하라. 편재격은 큰돈을 만질수 있는 사람이다. 正財와 편재가 같이 있는 사람은 재산파란이 심하게 올수도 있으니 조심하라. 아껴쓰는 것을 생활화 하라. 구두쇠 소리를 들어라.

편재격에 身旺한 사주는 재물은 풍부하다. 모든 일에 마음도 넓다. 그러나 좋은 일 한 후에 칭찬 받아야 하는데 좋은 일 해주고도 뒷소리를 들을 수 있으니 평소에 자기관리에 힘 써야 한다. 그렇지 않으면 관액이 있기 쉽다. 항상 관청 구설 생길 일 하지마라.

※ 편재격의 직업

육친에 정재는 돈을 모으는데 노력하는 형이지만 편재는 돈을 쓰는데 목적이 있는 편이다. 편재는 돈과 관련된 직장이 吉하다 은행이 吉함. 부동산 증권은행 금융 등에 吉하다. 또는 은행계에 나가도 좋다.

편재격인 사람은 命와 運이 조화를 맞게 이루면 신흥재벌로 일약 명성을 얻게 된다. 부귀한 사주이다. 외무사원도 잘한다. 중개업도 大吉하다. 편재격인데 신약한 사주라면 사주를 生해주는 오행의 직업이 가장 대길한 것이다. 가령 木은 목업, 火는 火업직이다. 土는 토건업 金은 철물, 水는 물장사이다.

편재격에 印星이 왕성하면 직장생활이 吉하다.

사업하면 손재 많이 보니 하지 말라.
편재격에 食傷이 있는데 食傷을 生하는 오행이 많으면 사업가 수완이 좋다. 모든 면에서 수완가이다. 그러나 지나치면 사기도 된다.
편재격에 才旺하면 재물 모으는데 특히 탁월하다. 그러나 구두쇠 소리는 듣는다. 재복 있다.

4. 정재격의 특징

사주 정재격인 사람은 진실하게 살고 재복이 좋은 命이다. 의협심도 강하고 정직하다. 그러나 남을 너무 믿다가 실패한다.
처덕이 있으며 부자로 사는 운이라 하겠다. 정재격에 官이 旺하면 관리 업무에 충실한다.
정재격에 印星이 왕하면 사업은 맞지 않으며 성패가 많은 사주이다. 직장생활이 좋다 정재격에 比劫이 왕하면 신약하면 사업 실패한다. 그런 후에 철이 나니 때는 늦다. 才星은 남자에게는 처이며 재물이니 才星이 나타난 才格은 재가 많은 것이 되니 才가 많은 것은 좋지 않나. 적당히 있어야 한다.
정재격은 인간미가 좋고 잘살수 있으나 양인 겁재 등이 강하게 있으면 편굴해지고 부자가 될수 없다. 그러니 미리 알고 준비해두면 다른 탈을 면할수도 있다. 늦게 생각하라.

※정재격의 직업
직업은 안전성이 있는 직업이 좋다. 투기업은 맞지 않는다. 안전한 직업을 선택하라. 가급적이면 약사나 미용사 등 자유업에 자격증을 가지는 것이 가장 좋은 직업이다. 특히 금전거래는 철투 철미하니 재정관에 직업이 吉하다. 즉 은행관리업체 등이 吉하다. 財多 身弱한 사주라면 자기 일은 못하는 사람이며 남에 일은 잘 돌보아 주는 사람이다. 才格에 食傷이 태과하면 모든 일은 시작은 좋으나 나중은 나쁘다. 매사에 신중을 기하는 것이 가장 좋으리라.

5. 편관격의 특징
편관이란 안전하지 못하고 野性的이다. 성격은 불의를 보면 못참는 성격이다. 급한 것은 버려라. 일반적으로 조급한 성격이며 급하다 .편안한 성격을 가져라. 높은 사람은 무시하고 나보다 낮은 사람을 돕는 스타일이다. 자기가 최고라는 엉뚱한 큰 소리치는 마음을 가지는 사람이라 하겠다. 즉 고집쟁이 아집쟁이라 하겠다. 그러나 편관은 7살이라 하는데 칠살격되는 사람은 法官 군 경찰 등 생살권을 가진 직업이 吉하다. 푸주간도 도살장도 吉하다. 천간에 편관이 있을때 투출된 천간중에 편관을 制化하는 것이 없으면 형편없는 사람이라 하겠다. 사람들과 만나서 괄세받는 처세는 주의하라. 항상 침착하며 생활하라.

사주가 신왕한데 편관격은 다방면에서 재주가 있고 매사에 남에게 지는 것은 싫어한다. 그런데 만약 살은 강한데 日柱가 弱하면 남에게 의지심이 강하다. 노력하라. 편관격은 권모술수가 능하며 목적을 위해서는 무슨일이든 서슴치 않는다. 그러니 형액수 있다. 편관격에 印星이 왕하면 품행이 단정하고 성격은 급하다. 고집으로 실패하니 주의하라. 편관격에 比劫이 왕하면 부부 인연 약하고 편관격이 양인을 보면 위엄도 있고 권위도 있다. 身强한데 殺이 弱하면 빈한하든지 무死한다. 才星이 편관을 生해주면 성격이 난폭하고 반성할 줄 모른다. 특히 火日生이다. 火日生은 고집도 강하다.

편관격에 食傷이 旺하면 약자에게는 약하고 강

자에게는 강하다. 편관격에 官이 旺하면 목표가 있으면 끈질기게 나간다. 꾸준한 노력가이니 크게 성공 할 수 있다.

※ 편관격의 직업

편관격인데 身旺하며 편관도 왕하면 법관이나 국회의원 등 고위직도 될수 있으며 대성공 할 수도 있다. 그러나 중간에서 좌절 되는 수 많다. 대운로가 잘 되어 있고 중화가 잘 되어있으면 크게 성공한다. 중화 안된 사주는 평생 고생한다. 미리 준비하라.

직업은 殺生職 종사하는 사람 많다. 편관격에 양인이 있으면 군에서는 장성 부장 검사까지 할수 있다. 열심히 하라.

신약사주에 살이 강하면 깡패 사기꾼 소매치기 정도의 직업을 갖는다. 미리 알고 주의하라. 물에 빠지면 못나온다.

편관격이 약한데 身旺하면 文人으로 출세할수 있고 살이 너무 약하고 身衰면 춥고 배고픈 학자일 것이다. 四柱에 중화가 필요하다.

편관격에 편인이 있으면 비생산직 생활에 종사하며 살을 극설하는 五行이 적을 때는 나쁜 사주이다. 이 때는 운로에서 도움이 있어야 성공

할수 있는 것이다. 재산도 있다.

6. 정관격의 특징

온후하고 영리하며 정직 성실한 편이며 점잖고 얌전한 가정적인 사람이다. 착실하다. 빈틈없고 양반다운 처세하는 사람이며 예의가 바르다. 고집은 있고 고지식한 사람이다. 실속도 있으나 체면을 중요시하는 사람이며 명예를 중요시하며 여자는 실속파이다. 여자는 실속을 차리려 하는 사람은 불행하고 행복하지 못하다. 평생 후회할 일을 하지 말라. 가정교육을 잘 받은 사람들이라고 보면 된다. 정관격에 比劫이 있으면서 比劫이 旺하면 좋은 집안 출신이나 부모를 떠나 자립성가하기 쉽고 사업은 실패하고 직장은 吉하다 기능직도 吉하니 일찍 기능직 배워두는 것도 좋다. 정관격에 食傷이 旺하면 두뇌가 빠르며 설계 기획 등에 일하면 잘한다. 그러나 머리만 좋다고 게으르면 성공 못한다. 처세술이 확고하고 변덕이 없다. 그러니 남에게 욕도 잘 먹는다. 인정을 받을 수는 없는 사람이다.

※정관격의 직업

정관은 文学과 인연 있는 사람이며 출세도 한다. 많은 사람의 두령 즉 지도자가 될수 있는 사람이다. 사회계통에 요직을 가질수 있는 사람이다. 정관격에 羊刃이 있고 自刑살이 있으면 법조인으로 성공한다. 관록이 팔자에 맞는다. 정관격에 식신이나 인수등이 왕성하면 학계에서 이름을 떨친다. 학벌이 좋은 사람이다. 정관격인 사람은 기업체 군 경찰등의 분야에서 수뇌부의 위치에 갈 사주이니 열심히 하라. 그러면 많은 사람을 거느리게 된다. 우두머리가 된다.

7. 편인격의 특징

이 사람은 머리 회전이 빨라서 기회만 있으면 빨리 적응하는 수단이 능수 능난하다. 성격이 옆은 보지 않고 자기만의 행복을 추구하는 타입이다. 선천적으로 머리가 좋다. 편인격의 성격은 느릴때와 바쁠때 겸비한 사람이니 이 사람의 성격은 하나가 아니고 다종류의 성격이라 할수 있으나 남을 이용하는 것은 없다. 시작은 급하게 하나 끝을 잘 맺지 못하는 성격이다.

상대를 무시하는 경향이 있는 사람이며 직업에도 하나만 하는 것이 아니다. 편인격에 양인이 있는 사주는 사람이 조금 차갑다. 그러나 실속은 따뜻한 편이다. 편인격은 성질은 명쾌하다. 그러나 인정은 없는 사람이다. 냉혹할때는 냉혹하다. 잔인하기도 하다.

※ 편인격의 직업
사주에 편인격과 인수격과 직업이 똑같다. 편인격은 인수격보다 나뿐격이며 사주라하지만 편인격에는 낮에는 자고 밤에는 활동하는 직업이 좋다. 올빼미와 같다. 편인격은 대체로 교육 문학 종교 예술 등의 직업으로 두각을 낸다. 또는 스포츠 전문기술 의학분야에서도 이름을 나타내는 소질이 있다. 또는 침술 역술등도 맞는 직업이 된다. 요리 등도 잘한다. 모든 음식에는 소질 있다.

8. 인수격의 특징
사주에 인수격에 중화가 잘 된 사람은 집안 교육이 잘된 집안에서 출생한 사람이다. 부모덕도 있고 이해심도 많고 명랑하고 여유가 있는 사람이다. 전형적인 학자의 운명이며 성격은 고집이 세고 자기 위주로 한다. 그러니 적을 많이 두고 사는 사람이다. 도량도 넓고 의리도 있으며 기풍이 있는 점잖은 사람이다.
건강하고 장수한다.
남자는 대체로 건강하며 장수한다. 妻와의 사이는 좋지 않으며 그 이유는 인수격에는 正財가 忌神이 될수 있기 때문이다. 정재가 없는 것이 吉하다. 인수격에는 본처를 싫어하는 경향이 많은데 평생 여자는 주의하라. 술과 도박도 주의하라. 여자도 주의하라.
여자 인수격은 현모양처의 운이며 인수격이 잘 중화가 된 사주는 음식 솜씨가 좋다. 식도락가이기도 하다.
음식 가리는 것은 나쁜 습관이다. 그러니 몸이 약하게 생활한다. 인수격에 才星이 있어 破극을 당하는 사주는 평생 노동자로서 고생한다. 破극이 없어야 한다. 인수격도 신왕이 되면 吉한 사주이나 재복도 있다. 하나를 알면 열가지를 아는 재주는 있으나 재물은 적은 사람이라 하겠다. 인수격에 官旺하면 관직에 인연이 많다. 관록으로 성공하라. 또는 다른 공직도 성공

할 수 있다.

※인수격의 직업
사주에 인수격은 한문과 인연이 있다. 어떤 직업도 학문으로 하는 직업은 성공할 수 있다. 인수의 격은 교육자 종교인으로 적합하다. 인수격에는 군인 법관 기술분야 대학교수 등의 직업도 吉하다. 또는 언론계에도 吉하다. 인수격에 양인살이 있는 사주는 강직한 명인데 또 官殺이 있다면 관공직이 吉하다. 기능직도 吉. 인수격이 12운성에 墓地에 위하면 종교인이 될 운이면서 인수격은 예술인도 吉하다. 철학도 된다. 또는 운동 선수로서 이름을 낼 수도 있다.

9. 時墓格은 무엇인가 ?
四柱 時柱에 辰 戌 丑 未時가 되면 時가 고장이라라고 하며 이름한 것인데 月支에 辰 戌 丑 未月이면 月上雜氣格이다. 나쁜사주다.
이름하는 것이니 이름은 부르기에 달렸다. 時支가 己丑時면 土土가 된다 이것을 압복(壓伏)이라 이름하며 이때는 좋은 사주로 보지 않는다. 다시 말하면 시주가 己丑시인데 他柱에 己 丑이 또 있는 것을 말한다. 반음살도 된다. 時 墓格이 되면 沖刑이 되면 吉해지고 좋은 사주 가 되어 크게 성공도 한다. 살이 꺾이는 뜻이 다. 마음도 허전 하다.

10. 專食合祿格(전식합록격)은 무엇인가 ?
사주에 戊日 庚申時 四柱를 말한다.
이유는 戊日庚은 식신에 해당한다. 또 庚에서 申을 보면 건록에 해당하기 때문이다. 신신이 건왕하기 때문이다. 같은 글자이다. 이 격이되 면 秋月생과 冬月생이면 복이 많은 사주라 한 다. 추울 때 난 것이다.
秋의 金은 食神이 왕하고 冬은 金水가 서로 생 하기 때문이다. 서로 협조가 된다.
※ 생시의 시지지를 용신으로 하기 때문에 행 운은 재성운에 발복한다. 크게 성공한다.
※ 관살운이나 인수운 식신운을 탈취하고 내 몸을 극파하기 때문에 흉운으로 본다.

11. 專印合祿格(전인합록격)이란?
격중에 수다한격도 있으나 여기 운명의 명칭인

이 格은 癸日 庚時생 사주일 때 하는 말인데 癸日은 庚을 보면 인수가 된다. 庚으로 申을 보면 12운성에 冠이 되니 冠이 즉 건록이다. 이것을 명칭을 붙인 것이다. 사주중에 이 격이 되면 丙火나 戊己土가 있으면 破格이 된다. 나뿐것이 된다. 인수격에서 인수가 왕한것이 좋고 才星운이 오면 발복한다. 성공하는 운이다. 큰 돈 번다.

12. 雜氣格이란 무엇인가

四柱 月地支가 辰 戌 丑 未月은 모두 다 雜氣란 말이 붙어서 雜氣 財官 印綬格식으로 이름 붙이는데 이유는 고장속에는 모든 물질이 포함되어 있기 때문에 잡기라고 한것이다. 명칭 붙이는 것은 요령이 나타날 것이다.

※ 辰의 장간에는 乙癸戊인데 水庫라고 한다.
  장간 중간자가 가쳤다는 뜻이다.
※ 戌의 장간에는 辛丁戊인데 火庫라고 한다.
  장간 중간자가 가쳣다는 뜻이다.
※ 丑의 장간에는 癸辛己인데 金고라고 한다.
  장간 중간자가 가쳐 있다는 뜻이다.
※ 未의 장간에는 丁乙己인데 木고라고 한다.

장간 중간자가 가쳐 있다는 뜻이다.
이상에서 나온 지장간으로 官印才를 찾는 것이다. 官인 正編官이며 才는 편재 정재이고 印은 편인 인수를 말한 것이다.

※ 관성은 복신 재성은 養命의 神이다.
※ 인성은 身을 돕는 오행이다.
※ 사고(四庫)는 각각 지장간 3개(個)을 간직한다. 그러므로 잡기라고 이름 하는 것이다.
※ 以上格에 들면 刑冲이 되는 것을 좋아한다.
  형충이 중첩(충이 겹치는것)되면 나쁘다.
※ 형충이 없을 때는 身旺이 되면 좋다.
※ 신약하면서 형충이 되는 것은 나쁘다.
※ 四柱中에 戌 辰 丑 未 등이 되는데 이것을 잡기라고 하는데 月支를 刑冲하면 우선은 吉하나 행운에서 또 冲 刑되면 나쁘다.
※ 신왕하고 刑冲하면 개운된다.
  태과하면 가난 한 사주이다.
※ 이 격이 되면서 투간된 천간으로 다른 격이 되면 다른 격으로 감평한다
※ 잡기재관격에 해당하면서 사주에 財星이 많으면 좋은 사주다.
※ 庫가 重첩되어 있는데 刑冲이 없으면 귀기

가 나타나지 않고 天干에는 戊己가 있는데 月이 辰 戌 丑 未月이면 압복잡기격인데 대운에 또 戊 己운을 만나면 대운 10년간은 성공 못하고 가장 나뿐운으로 본다.

※ 辰月생은 水庫 北方亥운으로 간다고 한다.
　戌月생은 火庫 南方亥운이다.
　丑月생은 金고 동방운이다.

※ 辰 戌 丑 未月의 出生者는 생일 납음오행과 생극을 본다. 生日부터 生月地支를 극하면 庫中에 財가 있다고 칭하여 복록이 후하다. 생월에서 생일을 극하면 의지할 때가 없다고 칭하여 정체가 많은 사주이다.

※ 墓庫를 刑沖하여도 복신이 없으면 통상의 명이다. 혹은 복록은 있다 해도 六親에게 나쁘고 고독하다. 단명하기도 한다.

※ 庫를 沖하더라도 沖하는 것과 합이 他柱와 되면 沖으로 보지 않는다. 합이 먼저이다.

※ 雜氣格에 들고 천간에 才가 있으면 頭才라 칭하여 돈 취급하는데 직장 잡는다. 상인은 기업에서 일한다. 성공도 한다.

※ 雜氣格에 해당하면 재산이 무겁다고 하면서 돈거래하는 운명이다. 은행업 길하다.

※ 四柱에서는 沖을 나쁘게 여기지만 辰 戌 丑 未장에는 沖이 되는 것을 좋아한다. 또 沖 大運 소운 등에는 재수가 있다. 沖이 되면 복록이 있다.

※ 月地支가 辰 戌 丑 未月생은 刑沖이 안되면 폐고(閉庫)라고 칭하여 복력이 박하며 파란이 많다.

※ 甲 乙日生이 丑月 중기를 받고 태어나면 金이 旺해도 흉이라 보지 않고 金水운에 더 발달한다. 火土운은 나쁘다. 이외는 길하다.

※ 丙丁日 丑月生은 관살이 간직하고 있는 癸水의 水운을 만나면 나쁘다.

※ 戊己日생이 丑月출생자는 상관 재격 金水운에 오면 吉하고 火土운은 흉하다.

※庚辛日생이 丑月출생하였다면 인수가 왕한 사주이다. 水土운에 복운이다. 재수 있다.

※壬癸日생이 丑月생이면 관인격으로 中吉命이고 순운으로는 辰巳운이 吉운이 된다.

13. 묘고(墓庫)의 관계

四柱 辰 戌 丑 未月생은 무조건 잡기격이란 명칭이 붙지만 만약 생일에서 보아서 12운성에

辰 戌 丑 未에 墓가 붙는다면 잡기격이라고 명칭을 붙이지 않고 지장간에서 나온 透干오행으로 格으로 정한다.

투간은 천간 나타난 것을 말한다.

庫란 뜻은 금고 보물창고 통장 등을 생각 하는 것이며 才 官 印 등의 귀기를 간직하고 庫中에 있기 때문에 沖 刑을 좋아하는 것이다. 만약에 墓를 만날 때는 사람이 죽어서 매장되는 것과 같기 때문에 沖을 하면 좋다는 뜻이다. 숨통이 터지는 격이다. 벌써 墓庫라고 하여도 四吉神이 透干하면 沖開할 필요가 없이 완전히 格을 구성하고 있으므로 沖 刑하면 귀기가 동요되어 凶이라고 단정을 내려야 하는 것 이다.

辰 戌 丑 未는 四墓 四庫라고 칭하지만 이미 12운墓를 만나면 死墓라 칭하고 12운墓에 해당하지 않을때는 四庫라고 한다. 가령 壬日辰月은 12운墓를 만나므로 잡기격을 取하지 않는다. 庚日 辰月이면 辰의 장간 乙木이 정재에 해당한다. 乙의 지장간 중에 출생하면 정재격이 되고 癸의 장간중 또는 戊의 장간이 투출하면 상관이 되고 도식이 되기 때문에 잡기정재격이라 이름 부치게 된 것이다.

庫는 沖도 되고 五行으로 극도되어야 만이 잡기격이 되는 것이다. 잡기격은 꾸준하지 못하다. 四柱 辰 戌 丑 未月생이 四墓에 해당하면 刑 沖하여도 이롭지 못하고 도리어 나쁘게 되는 것이다. 뿌리가 상하는 이치이다. 뿌리가 상하면 그 나무는 죽는다.

14. 사주 格局 用神이란 무엇인가

四柱에서 出生月을 중요시하는 것은 기상(氣象)을 정하고 격국용신을 정하는 목표물이 月地이며 사령(司令)부의 역할을 하여 吉凶화복을 판단하는 것이기 때문이다.

格에는 內格과 外格이 있고 正格과 偏格으로 분류되어 있는데 格局은 月支장간으로 정하는 것이다. 소장된 장간은 원래 상대인 것으로 사용할 곳을 찾고 있는데 그 기후에 춥고 더운 기후(氣候)를 받은 천간을 地支에서 透出이라고 하는 것이다.

格局이 된 天干은 반드시 통근(通根)이 된 것을 좋다고 보는 데 통근이란 月地支에서 태어났으니 月地支가 生해주는 것이 좋은 것이기에 하는 말이다. 생월에서 태어난 지장간은 지지에 生剋에 인종(引從)하면 그것을 건왕하다든지 쇠퇴하다든지 판단하는 것이며 月支에 引從한 것은 격국이 건왕하니 眞格이라고 하고 他柱에 格局이 되면 가격이라고 명칭하는 것이다.

日干과 洞一五行인 比劫등은 日干과 똑같으므로 格局으로 잡을수 없는 것이다.

이럴때는 생시 또는 생년간지에서 格局을 잡는데 격국을 정하면 月支에서 生剋을 보고 왕쇠에 따라 眞格인가 가격인가를 판단하는 것이다. 이런 식으로 格局을 잡은후 安全감정을 할 수 있는 것이다. 格局이란 人元用事의 神이란 뜻이다. 인원 용사의 神은 운명의 규칙 규격이 되는 것임으로 四柱에서는 格局을 정하는 것이 중요하다. 格에는 內格이라 하여 才, 官, 印, 食, 傷 건록 등의 6격이 있는데 이와 같이 6격이 안 나올 때는 이외는 外格이라 하여 별도로 格局을 잡는 것이다. 六格 가운데 正이 붙은 것은 正格이라 하고 偏이 붙는 것은 偏格이라 하는 것이다. 참고하여 정하라.

15. 格局의 四柱에 명칭
※ 日天干은 体라고 하며 나에 몸이다.
※ 月地支에서 나온 장간을 格이라 명칭한다. 또는 왕절기라고도 한다.
※ 생일 天干은 我身이라하지만 体라고도 한다.
※ 我의 수요신(需要神)이 格局이다. 즉 운명의 목표물이다. 감정시 필요한 것이다.
※ 格은 月支장간이니 정해진 것이다. 변통 할 수 없는 것이다.
※ 月支장간에서 나온 비견 겁재는 쓰지 않으며 다음으로는 生時上에 才官殺을 取하고 生時에 없으면 生年에 있는 才官殺 取해서 格으로 정하는 것이다. 순서적이다.
※ 이런식으로 6格에 의하여 간명하는 것을 불역간법(不易看法)이라고 한다. 역이행이다.
※ 格局된 장간은 通根되어야 한다. 연결된것.
※ 月支에서 나오는 用神은 眞用이라 하고 또는 眞格이라 하고 他柱에서 나온 用神을 가용가격(假捨)이라한다. 진짜가 아니다.
※ 格은 필히 生月에 通根하는 것을 필요하며 중요시 하는 것이다.

만약 無根이면 三干 四地에서 生扶해 주어야 한다. 吉神 凶神을 막론하고 通根을 要한다. 상생이 연속된 것이다.

※ 格이든 用神이든 三神 이상이 있을 때는 制合이 없으면 난립이 되어 일생 재앙이며 吉은 적고 凶이 많은 사주이다.

※ 四柱平에서는 첫째 日天干이 왕쇠인지를 보는 것이 가장 중요하다. 그 다음 해설 된다.

※ 乾命은 身旺해야 吉하고 坤命은 中强 小弱하여야 吉한 사주이다.
여자는 약하기 때문이다.

※ 일간은 군왕인데 군왕이 病弱하고 用神은 首相이다. 首相이 强하면 반란이 일어난다.
군왕보다 수상의 권세에 따라서다.

※ 日天의 강약 格局의 강약 용신의 강약 등의 왕쇠를 다 보아야 감정 순서이고 月令으로 왕쇠를 알고 오행 생극의 강약으로 得勢를 알고 12운성으로 根의 有無를 판단하는 것이다. 그래야만 확실하다.

※ 월령(月令)이란 그 달의 主宰神을 말한 것이다. 令이란 명령 호령 등과 같은 뜻이다. 즉, 특히 명령한다는 뜻도 된다.

예를 들면 春月은 木令, 夏月은 火令, 秋月은 金令이다. 사철의 오행을 말한 것이다.

※ 月에 星은 운명 간명에 가장 중요한 것이다. 月令은 사람의 가택과 같고 月地支간의 人元은 가택의 방향을 정하는 것이다.

※ 생월을 말하기를 제강(堤綱)이라 한다.

※ 氣象, 格局, 用神이 모두 堤綱에 속한다.

※ 한 나라를 말한다면 國定을 주관하는 中央정부이다. 정치의 중추적인 곳이라 하겠다. 그러므로 운명의 사령부의 위치를 깊이 생각하여야 한다.

※ 格局은 命理의 根本이라는 점을 명심하여야 한다.

※ 格局으로 출신 가통 성격 가업상태 직업 인품 부귀 수요 등을 아는 것이며 格局은 가택이라고도 본다. 가택을 찾지 않고 그 집주인의 생활을 알 수 없고 가족의 건강 생각하는 것들을 알 수 없는 것이 아니겠는가.

※ 格用이 刑 沖 破 害 空亡이면 부하가 도와주지 못하는 格이니 破格이라고 이름 하는 것이다. 파격은 상생을 못할 때이다.

16. 격국 및 용신 정하는 법

※ 格은 운명의 가장 중요한 목표이다.

※ 正格은 월 지장간으로 정한다.

※ 得令이 첫째吉이고 地勢에는 두번째 吉이다. 득령은 12운성이고 지세는 상생이다.

※ 弱한 것은 버리고 강한 것이 격이 된다.

※ 년에 장간 日에 장간 時에 장간은 半정도의 힘이다. 그러나 사용은 한다.

※ 日天干은 일국에 君王이다. 대통령이다.

※ 月地支는 首都이다. 하나의 나라의 수도이다. 큰 도시란 뜻이다.

※ 用神은 首相이다. 하나의 국왕과도 같다.

※ 格局은 나라의 정치와 같으며 법률이다.

※ 行運은 매년신수는 생활의 운이다.

나라가 잘되는 것은 首相의 능력이며 백성이 安樂하게 사는 것은 군왕의 힘에 따라 잘살고 못사는 것이다. 군왕의 하기에 따른다.

※ 생월을 목표물로 하여 三合에 해당한 地支가 있어서 五行이 다시 나오면 격국이 달라진다. 현재 좋은 사주라도 그 오행이 편관이 되면 편관격이 된다. 육친에 따른다.

17. 格局의 작성법

(ㄱ) 食神格의 작성법

四柱中 月地支의 지장간에서 나오는 天干에 투간된 천간으로 격국을 정하고 투간에 격이 나오지 않았다면 月支의 상황을 살펴서 격을 정한다. 월지장간을 찾는다.

※ 식신격은 원칙적으로 조건을 가지고 격이 성사가 된다고 해서 무조건 길흉을 논하지 말고 日天干이 身旺하여야 식신격이 힘이 있는 것이다. 그렇지 않으면 반대이다.

※ 식신 才星을 生한다면 당연히 식신생재격이라고 이름을 붙이는 것이나 日天干이 약한 사주는 식신생재 한들 소용이 없는 것이다. 식신격은 사주 신강 신약을 따지지 않고 무조건 才星을 用神으로 정하며 身旺 財왕 식신왕 등을 보고 나서 운명의 吉 凶을 따지는 것이다. 식신격에는 劫財運과 편인운이 가장 불길한데 재성이 없으면 비겁운 또는 겁재운에는 편법적인 일에 실패하기 쉽다.

생재란 식신이 才를 생하는 것이다.

※ 식신격은 合운 沖운을 만나면 모든 일이 많이 발생한다. 이유는 변동이 되기 때문이다.

※ 식신격에 食神이 또 있으면서 상관도 똑같이 보고 있는데 상관을 또 만났다면 吉운이 악운으로 변한다. 가장 나쁜운이다.

※ 식신은 才를 생하고 官을 이용하는 역할을 한다. 이용이란 극설을 말한다.

※ 식신격은 첫째 日干이 왕성하여야 하며 다음은 식신의 힘을 받아주는 才星이 있으면 最上으로 吉하다고 하는 사주이다.

※ 식신격에 才星이 중요시하는 것은 식신의 泄氣를 시키는 역할도 하지만 편인으로부터 극당하는 것을 막아주는 역할을 하므로 중요시하는 것이다. 힘이 생긴다.

※ 신약한 사주에 식신이 왕성하면 泄氣가 너무 심하게 되며 지나치면 才星이 도리어 忌神이 될 수도 있으니 이럴 때 중화되는 인수의 도움이 아주 필요한 것이다.

※ 식신격에는 학문성 문창성 학당 등이 內包되어 벼슬하는 格이라고 명칭하기도 한다. 학문성이 있으니 공부로 성공한다.

(ㄴ) 상관격의 작성법
※ 사주에 상관격을 좋게 만들려면 편인 인수

가 왕한지 약한지에 따라 格이 나쁠수도 있고 좋을 수도 있다. 상관격에는 인성과의 서로의 힘이 왕성하면 상관격으로 힘을 쓸 수 있는 것이다. 그러나 반대는 안 된다.

※ 월지에 得令하든지 상관격이 왕성할 때 官을 극할 능력이 있어서 眞傷官이라하며 월지의 힘도 생을 받지 못하고 약한 상관격은 관을 극할 힘이 부족하니 官이 이기는 격이 되는 것이다. 진상관을 못쓴다.

※ 眞傷官이나 變眞傷官은 印星의 制剋이 적당히 있어야 된다. 그래야 상관의 힘을 발휘할수 있는 것이다. 상관이 제대로 格이 되지 못하고 있는 상태에서 극을 많이 받은 상태라면 파괴된 상관이라 하여 생명까지 위험한 경우도 있는 것이다.

이런 식으로 상관격은 변화가 심하니 감평하는데 주의하여야 실수가 없다.

(ㄷ) 편재격의 작성법

※ 사주 편재격이 되면 日柱天干은 힘이 약한 상태가 되며 이 때 日天干에 12운성에 뿌리만 있으면 比劫이 많아도 좋다. 이럴 때는 나쁜격

이 안되며 正財格에는 比劫이 하나 정도로 있는 것이 좋다. 많으면 나쁘다.

격이 성립되어도 身弱하면 才를 감당 못하니 겉은 부자며 속은 빈집이라고 한다.

※ 편재격을 무력하게 하는 것은 比劫과 空亡이다. 편재격 약할 때이다. 약한데 格이 空亡이 되든지 비겁이 많으면 성공 못하는 사주이다. 才格이 沖刑되면 도둑질 사기 등으로 생활하게 된다. 형무소가 자기 집 된다.

※ 陰日生이 편재격일때 사주내 正官, 인수가 없을때 평생 실업자이며 才星이 사주에 겹쳐있으면 편재격이 너무 강한 뜻이 되어 나쁜 상태일때 또 食傷이 있어서 生해주면 各種질병으로 고통 당한다. 중병 환자 된다.

※ 편재격에 才星도 약하고 官星도 약한데 食傷 印星 등이 있으면 좋은 사주이며 재물은 가난하지만 생활에는 지장 없이 산다.

※ 편재격 四柱에 才星이 많으면 마음은 크나 뜻대로 잘 안 된다. 매사 지체 된다.

※ 時上에 偏財格이 되면 他柱에 편재가 하나 정도 더 있어도 무방하지만 신왕이면 많아도 무방하다. 그러나 너무 많으면 나쁘다.

※ 편재격에는 신왕하면서 破剋을 당하지 않으면 大富되는 사주이다. 운로를 보아야 한다. 刑沖이 局이 되면 나쁜 사주이다. 국이충을 말함.

※ 편재는 아버지인데 편재와 나란히 合局이 되는 글자가 있다면 자수성가한다. 그 이유는 편재가 변해서 他五行이 나오니 아버지가 변했으니 내가 아버지 없는 격이니 자수 성공하여야 할 것이 아니겠는가.

※ 편재가 合이 된 오행이 희신 역할을 한다면 부귀할 것이고 편재와 비견이 같이 나란히 있으면 조실부모한다. 형제 덕도 없다.

(ㄹ) 정재격의 작성법

※ 사주格은 무슨 격이라도 뿌리가 튼튼한 것이 좋다. 특히 정재격도 투출되어 있으면서 뿌리가 튼튼하여야 재물 있으나 투출되지 않고 地支에 있으면 약하다고 본다.

※ 정재격에는 食傷과 官星, 財星이 모두 있어야 좋은 格局이 되는 것이다.

※ 정재격에는 비겁이 많은 사주는 나쁘다.

※ 식상은 비겁의 기운을 才로 통관시켜 재를

강하게 만들어 官의 역할을 비겁으로부터 보호해주는 역할을 한다.

※ 才는 나를 기르는 근원이 되는 것이며 정재격은 合과 沖을 민감하게 받아들이는 神이다. 그러므로 정재격에는 살이 없어야 한다.

※ 四柱四吉格 中에 해당하는 格인데 身旺한 것을 좋아하며 格도 旺한 것을 좋아한다. 정재격은 편재격보다 日天干이 더 강할수록 재복이 많다. 부자 된다.

※ 정재격은 신왕이 가장 좋으나 비겁이 많은 것은 꺼리며 또한 食傷이 많아서 설기 많이 하는 것도 좋지 않다.

※ 財星이 官星을 만나 生해 주는 것은 순환이 잘된다 하지만 日天干이 弱할 때는 항상 災禍가 따른다. 사업 직업에도 실패가 많다.

※ 정재격을 이룬 상태에서 正官과 인수가 같이 있으면 三貴가 된다고 하여 좋은 사주이다. 그러나 뿌리가 살아야 좋다.

(ㅁ) 편관격의 작성법

四柱에는 四吉神과 四凶神格이 있는데 편관격은 四凶格에 한하며 편관격도 日天干이 강한 사주가 되어야 좋다. 일간이 약한 사주는 좋은 정관격에도 나쁜것인데 편관격이면 더 나쁠것이 아닌가. 편관은 1名 七殺이라 하는데 신왕사주에 편관격은 七살이 아니고 制化가 잘 된 사주도 편관격이라 부르지만 신약사주일 때는 七살이라하고 制化가 안 되어도 七살이라 하는 것인데 보통 신약 일 때는 七살이라하지만 극히 쇠약한 日天干 일 때는 殺이라고까지 이름 붙인다. 살격이 된 후의 사주는 단명한다.

※ 신왕하고 官旺한 四柱는 즉 格局과 균형이 맞도록 적당한 사주는 최고의 사주이다.

格局과 용신중에서 격국은 왕한데 용신은 약하면 용신을 生하는 운이 오면 좋다고 한다. 상생 상극의 원리를 연구하라.

※ 상생 상극이 잘된 편관을 편관격이라 하지만 상생이 안되고 身弱한 것은 殺이라하면서 이 사람은 통솔력이 뛰어나다고 한다.

※ 살인상생(殺印相生)이란 말이 있는데 왕한 살의 기운을 인성으로 순화시켜 일간을 돕는 방법으로 印星이 日天干과 가까이 있으면서 도와야 제구실을 하며 殺이 化하여 내게로 오는 것이 느리기 때문에 결과가 늦게 결론나니 마

음을 너그럽게 가져야 한다.

※ 合殺이란 日干이 陽干일때 劫財가 羊刃이 되는데 殺과 合하여 순화시키는 것이고 陰干일때는 傷官과 七殺이 合이 되어 순화되는 것을 말한다.

※ 구성이 잘 되면 貴格으로 공명이 높이 되지만 운에 따라 해설이 달라진다.

※ 食神制殺이란 오행으로 강한살의 힘을 극설하는 것으로 빠른 속도이지만 日天干이 약하면 제압하기가 어렵다.

※ 살을 극설하는 五行이 약하면 殺이 너무 강하지만 살의 힘을 극하는 五行이 강할 때는 살의 작용이 약해지는 것이다.

※ 신약사주 편관격은 편관도 왕하면 내가 망하는 형극이며 편관이 혼잡하면 천한 사주가 된다. 사람이 병신 같이 된다.

(ㅂ) 정관격의 작성법

※ 사주 정관격은 食傷의 왕쇠에 따라서 官格을 극 할수 있는 것인데 官을 중심에다 두고 才와 印星이 서로 극하지 않고 身旺한 사주는 부귀하는 사주이다.

※ 官을 극하며 傷官 기운을 설기시키는 역할을 하면서 官을 도우는 才星이 있어야 왕성하게 되어 중화가 된다고 한다.

※ 四吉格이되는 正官은 刑沖空亡은 싫어한다. 살이 해당하지 않아야 좋다.

※ 정관격은 刑沖이 되는 사주는 운명이 변동되어 남과 싸우는 형극이니 사주가 나쁘다고 하는 것이다.

싸우는 사주는 명도 길하지 못하다.

※ 정관사주는 子 午 卯 酉月 이 되는 正官이 가장 좋은 사주라고 한다.

그대로 격국이 될수 있다는 뜻이다.

※ 正官格 他柱와 合이 되는 것은 나쁘다고 보지만 日天干과 合局이 되는 것은 길하다고 본다. 변화가 되기 때문이다. 지지만 불길.

※ 정관격은 좋은 格이라고 하지만 身旺하는 것이 吉하다. 신약한 사주는 正官에 극을 받는다. 모든 격에는 신왕이 길하다.

※ 官이 太旺하면 食傷이나 인성이 있어야 사주가 중화가 되어 무사하다.

※ 才格이나 官格은 무조건 身旺해야 吉하다.

※ 正官格에 12운성에 뿌리가 튼튼하면 부귀

한다. 다른 오행이 생을 하여도 길하다.

(ㅅ) 편인격의 작성법
※ 사주 편인격이나 인수격이나 같은 방법으로 해설하는 것인데 그러나 적은 차이는 있다. 이유는 편인은 四凶神에 해당하고 印綬格은 四吉神에 해당하기 때문이다.
※ 四柱는 모든 것이 制化 즉 생과 극이 알맞게 되는 것을 중화 상극 등으로 말 할수 있는데 극설이 되어야 한다.
※ 사주 약한데 편인격이 되면 편인격도 도우는 것이 아니고 흉신의 작용하지만 편인까지 약하면 나쁘다. 조금이라도 편인은 강하고 我身은 弱할 때 才星이 있어서 편인을 생극하여야 좋다고 본다.
※ 편인격에도 身旺이 되어야 좋다는 것은 누차 말했으니 명심하여야 한다.

(ㅇ) 인수격의 작성법
※사 주 인수격은 四吉神中에 해당하며 나를 生해주는 육신인데 인수가 많은 사주는 내가 감당 못하니 많아도 나쁜 것이고 너무 약해도

나쁜 것이다. 그러나 인수격하면 인수 그 자체가 日天干을 生해주는 오행이니 적당하면 좋은 운이라 한다. 인수격은 부귀하는 格이다. 그러나 너무 왕하면 나쁘다.

※ 인수격에 太旺하면 官星을 좋아한다. 태과한 四柱는 인수를 도와주는 것이 관성이니 태과 할 때는 나쁜 관성이 된다. 많다는 것은 없는 것과 다를바 없다.

※ 인수격에 官星이 혼잡되어 있으면 인수가 너무 太旺해지니 이때도 일천간은 좋은 것이아니다. 무엇이든 특별 태왕한 것은 모두 나쁜것이라 감정한다. 특별약도 나쁘다.

※ 인수격에는 沖 破 空亡되는 것을 가장 싫어하는데 干合이 되어도 오행이 변하니 나쁜 것이다. 변하지 않는 것이 더 좋은 사주이며 모든 것은 적당하여야 한다.

※ 인수격에는 才星이 어느 정도 왕성한가를 보는데 才弱하고 인성이 너무 강하여도 才星이 나빠지고 才星이 너무 왕하여도 인성이 나빠지는 것이니 모두 평탄한 것이 가장 좋은것이며 운명도 무난하다. 장수도 된다.

※ 인수격에는 才星은 인수를 制하는 神이니

官이 있어서 才星을 설기시키는 것이 가장 좋으며 신왕 재왕 관왕등의 차이를 생각하는 것이 감정법의 원리이다.

(ㅈ) 特別운 法
※ 四柱에 羊刃殺이 1개 이상 있는 사주는 거듭 혼인하는 사주라고 하는 것이다.
※ 군겁쟁재란 말이 있는데 이것은 比劫이 많으면 재산을 놓고 서로 다툰다는 뜻인데 즉 상처, 재산 실패 등 가난하게 되는 것이다.
※ 四柱에 男便星이 되는 正官에 12운성에 葬(墓)에 해당하면 男便 죽는다고 볼 수 있다. 12운성에 병 사 장 포는 나쁘다.
※ 남자 사주에 正官에 葬(墓)에 해당하면 그 자식이 죽는다면 된다. 그러나 변화면 무사하다.
※ 여자 사주에 장간에까지 官殺이 많이 있으면 2개 이상이 될 때는 과부살이라고 하여 여자는 본남편과 이혼하든지 또는 간부를 두고 산다는 뜻이 된다.
※ 식신이 旺하고 日柱가 왕하면 재복이 있고

식신이 극설이 잘 되어야 한다. 극을 많이 받는 식신은 소용이 없다. 반대가 된다.

※ 月律分野란 뜻은 地支장간에 있는 天干을 말하는데 가령 巳月生이라면 巳에 월률분야는 戊 丙 庚이 들어 있어서 하나 하나씩 分野되었다는 뜻이다. 따로 따로 본다.

※ 사주중 財星과 官星이 合局이 되면 은행계로 출세한다. 또는 돈놀이도 된다.

※ 사주중에 역마살이 있는 사람은 외국에 많이 다니고 또는 국내에서도 많이 다니는 운명이라 한다. 그러나 팔자는 나쁘다.

※ 사주 일주가 刑을 당하면 반드시 몸에 흉터가 있는 사람이라 한다. 형은 살이다.

※ 月柱가 空亡이 되는 사람은 고향과 인연이 없으니 객지생활 팔자이다. 부모 덕도 없다.

※ 四柱에 子孫宮이 各살이 되면 末年에 고독하게 산다. 평생준비는 말년이다.

※ 四柱에 時柱가 傷官이 있고 官星이 쇠퇴한 사주는 식모 마담 화류계 운명이다.

※ 四柱에 역마성이 되는 地支가 日支와 刑이 되면 반드시 교통사고 한번 당한다.

※ 四柱에 子孫宮이 刑을 당하면 자손유산 반

드시 당한다. 출생 자식은 죽게 된다.

※ 四柱에 財星이 3개 정도면 남에 집에서 양육 되며 양 부모 둔다. 조실 부모도 한다.

※ 四柱에 子孫宮이 刑殺이 되고 또 역마까지 된다면 子孫 횡사하게 된다. 무덕하다.

※ 四柱에 상관이 있는 여자는 가정부나 마담으로 생활하게 된다. 또는 기생으로 나가게 되는데 요즈음은 탤런트 팔자라고 한다.

※ 사주 시주에 편인 인수가 있는 여자는 자식 두기 어렵도다.

※ 1,2,3月에 출생한 사람이 日柱가 亥子日이던지 4,5,6月생이 卯未日에 出生者는 다리 저는 수 많다. 또는 부러지기도 한다.

※ 四柱에 인성은 어머니인데 印綬에 三刑殺에 해당하면 그 어머니 불구자 되기 쉽다. 또는 일찍 죽는 수도 있다.

※ 四柱에 正財가 三刑殺에 해당하면 본처와 생사이별 한다. 죽기도 한다.

※ 四柱 日柱가 급각살 (사주비전에 있음)이 되면 걸음 걸이가 다리 절게 된다.

※ 四柱 時柱가 戌日이 되면 천문성이 되며 신앙에 종사할 팔자이다.

※ 丑 辰日생은 남녀를 막론하고 음독할 기회가 오므로 약 먹고 죽겠다는 생각 주의하라. 약장사는 하지 마라.
※ 四柱 生日과 생월이 원진살이 되면 형제간에 서로 미워하게 된다. 이별도 된다.
※ 四柱 생일과 생시가 상충이 되면 거듭 혼인하게 된다. 주로 여자에게 해당함.
※ 四柱에 부부궁이 沖이나 극이 되면 부부 한평생 무정하게 산다. 이별도 한다.
※ 四柱 日柱가 蕩火殺 (사주총감에 있음)이 되면 반드시 약 먹는 일 있든지 총탄에 몸 다친다.
※ 四柱에 子孫宮이 沖이 되면 子女와 반듯이 별거되는 일 있든지 항상 뜻이 맞지 않는다.
※ 사주에 역마가 있는 사람이 역마살과 刑살이 되면 교통사고 당한다. 밖에서 당한다.
※ 사주에 身은 弱한 사주에 財星은 旺하면 겉은 부자인데 사실은 가난한 사주다.
　외화내빈(外華內貧).
※ 사주에 男子는 財星이 더 강한 사주는 처가 항상 모든 면에서 이기는 사주다.

※ 四柱에 남자는 官殺이 子息이다. 官殺이 역마가 되면 밖에 나가서 즉 외국에서 子息을 얻을 팔자이다. 외방 자식도 된다.

※ 생일에 양착살이 있는 사주는 외삼촌이 고독하게 산다. 숙모도 고독하다.

※ 사주에 역마살이 있을때 역마살이 관살이 되어 왕하면 교통사고 당한다.

※ 壬日柱는 四柱에 여자는 상관이 있고 正官도 있는 사주는 이복 자식이 있을 운이다.

※ 사주 日月이 刑이 되는 사주는 祖업도 못 지키지만 자수성가하여야 한다.

※ 四柱 월건이 상관이 되면 형제수가 많게 된다. 무덕하다.

※ 사주 日柱가 壬子日生은 간여지동이라 하여 상처한다고 한다. 또는 상부하기도 한다.

※ 四柱 壬癸日生이 官에 白虎가 되면 남편 피흘리고 죽는 사주라 한다.

※ 日時가 刑살이 되면 무조건 몸에 칼날로 당한 흉터가 있다. 그 흉터로 교통사고 면한다.

※ 四柱에 才星과 印星이 合이 되면 그 어머니 재가로 시집온 것이다. 오행이 변한다.

※ 四柱에 才星과 印星이 刑살이 되면 반드시 부모 중 한분은 불구자이다.

※ 여자 사주 日辰이 庚辰 庚戌 壬辰 壬戌 日柱가 되는 여자는 혼인하여 그 남편이 재산 실패하고 횡사하며 납치 당하는 일 있는 사주라고 한다. 혼인시 주의하라.

※ 사주 생일과 생시가 辰 戌 相沖이 되면 독수공방하며 처량한 운명이다.
다른 충도 나쁘다.

※ 壬日柱되는 여자는 남편이 나이 많은 사람과 동거동락한다. 불연이면 간부가 있다.

※ 四柱에 편관 정관이 3개 이상 있는 여자는 재가하는 운명이라 본다. 상부도 한다.

※ 여자 사주에 식상이 되는 月이 되고 他柱에 또 식상이 있는 사주는 남에 자식 키운다. 만약 남에 자식 아니면 외방자식 둔다.

※ 여자 사주에 食傷이 旺한데 日天干은 弱한 자는 그 자식이 유산 또는 子女에 액운이 있다. 즉, 사별한다는 뜻이다.

※ 四柱 月柱가 망신살이 되면 그 어머니 재취로 시집온 사람이다.

※ 壬日柱가 상관이 있고 正官이 있으면 子孫

中에 말 못하는 벙어리 있을 운이다.

※ 壬辰日 생은 음식영업 하게 된다. 식당길.

※ 生日에 급각살이 있는 사람은 뼈를 다치는 일을 당한다. 불구자 된다.

※ 신왕하고 재왕한 사주는 부유하게 잘 살아 가는데 고독은 면할 길 없다.

※ 사주에 時에 才星이 있는데 日柱 地支가 食神이 되면서 合局이 되면 장모 모시는 팔자이다. 장인까지도 해당한다.

※ 日柱 官星이고 他柱 食神과 합이 되면 結婚도 안하고 애기부터 갖는다. 망신살이다.

※ 才星이 沖되고 역마까지 될 때는 그 부친 외국에 살든지 멀리 살게 된다. 이별이다.

※ 四柱도 陰日柱며 時柱도 陰日柱되는 여자 는 딸만 낳는다.

※ 辛酉 日柱에 他柱에 天門星 戌이 있으면 의사 팔자이다. 이유는 金日은 똑똑하다.

※ 사주 日柱와 時柱 地支와 合局이 되면 그 처는 어질고 子息은 효도한다.

※ 년과 月이 원진이 되면 부친과 조부가 따로 헤어져서 산다. 이별수가 있는 사주다.

※ 편재는 부친인데 편재가 他柱와 沖이 되면

그 부친은 일찍 세상을 뜬다. 이별도 한다.
※ 妻宮에 공망살이 되면 부부간 이별수 있고 또 다른 여자 두게 된다. 간부도 된다.
※ 日地支가 도화되면 남녀 다 같이 바람 피운다. 딸 많이 둔다.
※ 甲辰日생과 乙未日생은 종신자식 없고 병원에서 사망한다. 자식 많아도 소용 없다.
※ 甲辰 日柱는 편재가 되고 또 白虎살이 되면 그에 아버지는 피흘리고 자기 명대로 죽지 못한다. 횡사한다.
※ 日柱와 時地支가 才星이 되고 沖되면 재혼한다.
※ 日地와 時地가 辰戌이 되면 경찰관 아니면 반드시 형무소 간다. 관액이 있다.
※ 日주와 月주가 원진이 되면 조상묘도 모르며 형제간에도 의리 없는 사람 된다.
※ 四柱에 年月이 모두 水가 되면 물에 빠져 익사하니 배는 타지 말라
※ 身弱하고 食神이 왕한 여자는 자식을 자주 낙태하게 된다.
※ 역마살이 있는데 日柱와 역마살이 合이 되면 여행중에 出生한다.

※ 역마살은 日柱로 年 月 時를 보지만 年주 地支로 月 日 時를 보기도 한다.

※ 四柱에 印綬星이 旺하게 되는 사람은 학업에 인연이 있고 우수한 성적으로 학교를 다닌다. 머리가 좋다.

※ 四柱 日柱가 단교 관살이 되면 반드시 뼈가 부러지는 일을 당하며 한참 고생 한다.

※ 편재가 천간인데 편재 밑에 地支에 편관이 되면 살지에 아버지 앉았다 하여 아버지는 객사한다.

※ 四柱에 편재와 정재가 혼합되어 있는 사주는 배다른 고모나 숙부 등이 있다.
　　正財와 偏財가 合이 될 때이다.

※ 甲乙日 天干이 되는 사주가 時에 丙戌時가 되든지 月柱가 丙戌이면 자식 중 1자는 반드시 죽는다.

※ 여자 사주에 食神이 白虎살이 되면 그 아들 반드시 횡사한다.

※ 四柱에 戌亥가 있는 사주는 天門星이 있다고 하는데 천문성이 있는 사람은 노래 잘한다. 또는 염불도 잘한다.

※ 日柱가 庚辰 日柱에 時도 庚辰 時가 되면

子女間에 익사하는 子있다.
또는 형제간에도 水난이 있다.

※ 辰은 천라살이라 하고 戌은 지라살이라 하는데 四柱에 辰 戌이 다 있으면 형무소 간다. 반드시 몸 다치기도 한다.

※ 甲 乙日生이 食傷이 왕하면 子女들이 안경 쓰게 되고 또는 水가 많아도 안경 쓴다.

※ 庚日 天干에 丙火가 자손이 되는 남자는 자식 중에 눈병신 자식 있게 되고 또는 水가 많으면 한편생 한숨으로 산다.

※ 사주에 食神이 왕하고 건록이 붙으면 손자가 크게 성공한다. 후손이 길하다.

※ 四柱 內에 比劫이 많은 사주는 妻는 둘이 되고 재산은 없는 사주가 된다.

※ 四柱에 印綬가 되는 地支가 역마살이 되면 객지에서 공부한다. 파란이 많다.

※ 四柱에 乙巳日 己巳日 癸巳日生이나 丁亥日 己亥日생에 四柱 天干에 편관이나 정관이 鬪干되면 애기 낳고 살다가도 다른 남자와 정을 통하여 도망간다. 바람난다.

※ 四柱 月地支에 도화가 붙으면 그에 어머니 후처로 시집왔다고 보며 불연이면 다른 남

자 애인 생긴다.

※ 四柱 日柱가 白虎日이 되는 사람은 피흘리는 살이 되니 또 도화가 있으면 바람 피우다 객사하고 역마살이 있는 사람은 객사하는 운이라 본다.

※ 산모가 어린아기 줄 젖이 없는 사주는 食神이 沖破되면 산모에 젖이 없는 상태이다. 그러니 자식이 못 클 것 아니겠는가.

※ 四柱 日柱가 丁未日생과 戊午日生은 성욕이 강하여 처를 2, 3명씩 거느릴 팔자라고 한다.

※ 여자 사주에 귀문관살이 있을때 그 귀문관살이 관성 즉 편관 정관이 귀문이 되면 그 남편이 정신 이상이다. 시는 본인이다.

※ 四柱 日柱를 주동하여 時가 역마도 되고 년주를 주동하여 月도 역마가 되면 직업이 항공계의 직장이 맞는 것이다.

※ 여자 사주에 일주 주동하여 년이 역마되고 년을 주동하여 일주 또 역마가 되면 비행기 안내원하게 된다. 또는 조종사가 된다.

※ 四柱 日柱가 庚申日 庚子日 庚辰日생과 辛巳日 辛亥日생 여자는 물장사 팔자이다.

※ 여자 사주에 시 천간에 상관이 있으면 남편이 없으니 기생 또는 텔런트 등으로 직업 잡는 것이라 본다.
※ 甲申日생 사주가 寅巳가 또 사주에 있으면 의사나 약사할 팔자이다. 활인업이다.
※ 여자 사주에 식신이나 상관이 되는 육친에 형살에 해당하면 반드시 나팔관에 임신하여 수술하게 된다. 무자식 된다.
※ 四柱에 寅 未 申 卯가 되는 地支가 年柱에 있고 日柱에도 있으면 정신병 온다. 가령 출생년이 寅年생인데 일주가 甲日이 된다든지 卯年생이 日柱가 甲日이 된다면 정신병이 온다는 뜻이다. 또는 다치기도 한다.
※ 癸丑日 癸未日 癸巳日生은 申寅時가 되면 길에서 횡액 당할수 있으니 주의하라.
※ 比劫이 되는 육친이 白虎살이 되면 그 형제가 피 흘리고 죽는다. 반드시 다치기도 한다.
※ 四柱 印綬되는 육친에 白虎가 되면 그의 어머니는 피를 흘리고 죽는다.
※ 四柱에 偏財가 되는 육친이 白虎살에 해당하면 그 아버지가 피흘리고 죽는다.

※ 四柱가 壬申日 壬子日 壬辰日생은 음식업이 맞는 직업이다. 기생 탤런트 팔자이다.

※ 四柱 日柱가 壬日이나 癸日生은 官星이 白虎살에 해당하면 그에 남편은 필히 피흘리고 교통사고 등으로 죽는다. 이별은 무사함.

※ 四柱에 日주가 壬日이나 癸日생이 正官이 되는 곳이 백호살에 해당하면 그 남편은 피흘리고 죽는다. 병신도 된다.

※ 四柱 여자가 正官 偏官성이 刑살에 해당하면 그 남편 일찍 죽고 과부된다.

※ 四柱 日柱가 백호가 되면 그의 형제중에 흉사하는 일 있다. 객사도 된다.

※ 四柱 일주가 戊午日생과 丁未日생은 많은 처를 거느리는 팔자이다. 파란 많다.

※ 사주에 편재되는 육친이 刑殺만나면 그에 아버지가 일찍 죽는다. 생사별 한다.

※ 사주 日柱가 戊己日생이 四柱에 水가 많으면 물에 빠져 죽으니 승선하지 말라.

※ 戊己日생 金 水 木中에 어느 것이든 왕한 사람은 물에 익사한다.

※ 사주에 酉戌이 같이 있는 사주는 의약업에 종사자이다.

※ 四柱에 역마살이 있고 刑살이 있는 사주는 그에 남편 객사한다. 또는 불구자 된다.

제 2장 여자 운명 감정법은 달리하라.

 감정시 여자는 육신 자체가 다르기 때문이다. 초년 유년시대와 中年 결혼시대와 老年의 운명을 볼때는 차이점이 있으니 참고하기 바란다.
첫째, 어린 유아시절은 부모의 육친을 찾아서 그 육친의 12운성과 생극을 보고 부모신이 왕하면 초년에 무사히 성장한 것이라고 감평하는 것이다.
둘째, 혼인하여 가정 생활을 시작 할 때인데 남편에 도움으로 사니 남편이 잘되면 따라서 잘 사는 것이 된다. 그러니 무사하다.
셋째, 자녀의 성장 시대를 보고 남편성과 子女星을 용신으로 하여 子星이 좋은 왕이면 행복했을 것이고 子星이 파 극 등을 당했으면 불운으로 산 것으로 본다. 고생을 안다.
※왕약의 구별하는 법은 남자나 여자나 똑같

이 하지만 여자는 남자를 官星으로 보므로 그 목표는 관성이 왕을 받았는지 쇠하게 힘이 없는 가를 먼저 보는 것이다. 그러므로 행복과 불행이 나타난다.

사주 日柱를 보는 것이 부부궁도 되고 時柱를 보는 것은 子女의 星이라고 하는 것이다.

또는 子女성 보는 것이다.

四柱에 官星이 있으면 쉽게 알수 있겠으나 官星이 없고 편관만 있어서 편관이 남편이 되는 것이다. 四柱 天干에 官星이 없고 암장된 관성이 있으면 그것으로 男便을 삼는다. 四柱格局이 없고 종강 종살 縱火격은 별격(別格)이라 하는데 별격일 때는 남편성이 四柱에 나타나지 않아도 男便덕 있다.

※여자 사주에 日지에 비겁이 있으면 官星이 약하고 日支에 食傷이 있어도 男便을 극하는 것이니 日支에 비겁이 있어도 나쁘고 食傷이 있어도 나쁜 사주이다. 간여지동.

※여자의 사주는 官星으로 용신을 삼고 才星으로서 목표를 삼는 것이니 식상이 있어서 식상이 약하여도 관성이 강하면 자식이 있게 된다. 덕도 있다고 본다.

※四柱에 日支가 比劫이든지 또는 四柱에 比劫이 많으면 남편은 첩을 두고 나는 홀로 고독하게 사는 것이다. 과숙 팔자라 한다.

※官星이 12운성에 葬에 해당하면 자식이 없고 양자나 남에 자식을 기르게 된다. 이유는 男子가 너무 힘이 없기 때문이다.

※才星이 旺하면 官星은 따라 왕하게 되는데 이때는 접속 상생이 되며 재복도 있고 가정이 평화롭게 잘 산다고 보는 것이다.

※官은 男便이며 食傷은 子孫인데 자성과 남편성이 沖剋이 되면 아들이 없든지 남편이 죽든지 하는 것인데 中和되는 五行이 있으면 무사하다. 사주정리가 실수 없게 하라.

※여자 사주는 日柱가 왕하면 관성은 자연히 약하게 되니 여자가 내주장이 된다. 일주가 약한 여자는 남편에게 순종하며 가정은 평안하나 질병은 많이 온다. 병약하다.

※日柱가 약한데 用神되는 오행이 根이 없으면 자녀도 적고 재산도 없다. 고생 많다.

※편관도 있고 正官도 있을 때는 천한 나뿐격이라 하지만 중화 극하는 것 설기하는 것이 다 있으면 도리어 잘 산다. 중화면이 길하다.

※四柱에 官星이 하나만 있는 것을 일귀(日貴)라고 명칭하는데 才星도 하나만 있으면 官을 生하며 생과 극이 中和되면 귀부인이지만 官殺이 沖이 되면 불길하다.

※여자 사주에 官星이 하나 있다는 것은 남편 하나가 있다는 뜻인데 대운에 官星을 만나면 또 남편이 생기게 되니 이럴 때는 가정파탄 간부 등이 생긴다. 재성이 없을 때이다. 즉 남편덕이 없는 것이라 하겠다.

※四柱에 官星이 있고 財星이 있어서 官을 생하고 있는데 운로에서 才旺운을 만나면 남편이 출세하고 자식도 따라 잘 된다.

※여자 사주와 官星이 많다는 것은 남자가 많다는 뜻이 된다. 거기에 才星이 있다면 자동적으로 신약하게 되며 인수나 비겁을 만날 때 吉하게 되리라.

※四柱 日柱에 편인 인수가 있으면 자성을 극하여 임신도 못하고 출산해도 기르지 못한다.

※유산이 자주 되는 것은 식상은 왕한데 日柱는 太弱하면 임신이 어렵고 가져도 낙태한다. 그러나 인수가 있으면 무사하다.

※日柱가 왕한 사주가 운로에서 또 왕운을 만

나면 부부 사별 아니면 이별 한다
※여자 사주는 沖도 나쁘고 合이 많아도 나쁘고 중화가 된 사주가 좋은 사주이다.
※여자에게 다섯가지의 살이 가장 나뿐살인데 도화살 함지살 겁살 양인살 과숙살이 된다.

1. 육친운 식신 보는 법
※식신은 子女星이라. 身旺四柱는 食神運에 子女出産하고 중년 후는 내 자녀가 성공한다. 육친의 목표를 정하고 보라.
※식신을 沖하는 運또는 死 墓 絶 등의 운을 만나면 자녀신상에 변동 혹은 재해 불화 등이 발생한다. 당년 태세로 用神 食神을 보는 것이다. 용신이란 내가 보는 목표물이다.
※四柱中 食神 傷官이 太過한데 또 대운 세운으로 食神운을 만나면 신체상 병이 온다.
※편관격에 해당한 사주가 되고 四柱中 식신 상관 등의 극설이 없을 때는 食神운에 개운 된다. 만약 극설이 있고 이 운이 오면 극설이 지나쳐서 부부불화 남편에 큰 피해가 온다.
※四柱가 편인격인데 식신운이 오면 자기에게 病災 또는 身上에 병이 온다.

四柱中 偏印이 왕성하면 病이 오고 위험하다.
※財星格이 된 사주는 식신운이 오면 매사 吉하다.
※四柱中 印星이 太過하고 식신운이 오면 몸이 고독하며 命中에 正財가 有면 무사하다. 12운성에 뿌리도 본다.
※사주에 운로가 식신운이 희신이 되면 대길하고 식신운이 기신이 되면 질병이 몸에 온다. 또는 난치병이 오기도 한다.
※四柱中 식신이 태과하고 再次 大운에 식신이 오면 식신은 化하여 상관과 같은 뜻이 되며 남편 신상에 병이 발생한다.

2. 육친운 傷官운 보는 법
※상관은 정관을 극하는 흉신이다. 女命에게는 상관운을 싫어한다. 특히 사주에서는 상관은 나쁜 육친이라 한다.
※상관운을 일명 생사별운 또는 상부하는 운이라 칭하는데 미혼자는 혼담이 잘 안되고 결혼 생활하는 자는 오래 못가서 남편을 극한다. 생사별 한다.
※기혼자는 夫를 극하는 육친이며 부부불화하

게 되며 만약 命中에 특히 정관과 상관이 있을 때는 과강 하면 夫와 死別 약하면 이별한다.

※ 상관운이 와도 命中에 正官이 없고 또는 상관이 없으면 재앙이 가볍다. 만약 재성이 있으면 初凶하나 后에 傷官은 財星을 生하며 財星은 夫星을 生하여 初凶이나 凶은 변하여 后에 吉하게 된다. 나중엔 길하다.

※ 사주중 食神 傷官이 太過하면 身體질병이 오며 여자는 남편을 극파하여 재앙이 발생함. 생사별도 한다.

※ 사주 자체가 身旺하고 財星이 있고 傷官운이 오면 자녀 임신의 기쁨이 있고 재성이 없어도 身旺사주이며 傷官과 干合 地合 三合등이 되면 임신의 경사가 있고 중년 이후라면 子女에게 경사 있다. 혼인도 한다.

※ 근본적으로 坤命은 상관운을 第一忌하며 남편을 극하지 않으면 자기 신상에 재앙이 발생한다. 단, 他柱에 印綬星이 있어 傷官을 상극하면 그 피해가 극히 적다.

※ 상관격이나 종아격을 구성하였으면 도리어 발복한다. 상관을 만날 때이다.

※ 상관운은 夫婦관계 자녀관계 내 몸 등으로 감정하는데 상관 식신 등은 才星을 生하며 재성의 根이 되므로 흉신이라 하여도 命中과의 배합 여하에 따라 도리어 좋은 사주가 되므로 이 점을 참고하기 바란다.

3. 육친운 편, 정관 보는 법

※ 坤命은 我身 日干을 극하는 官殺을 남편성으로 한다. 사주가 正官格 偏官格등을 구성하여 다른 곳에 官殺이 없으면 남편의 운세는 왕성하다고 하여 夫運이 좋다고 한다. 그러나 만약 정관격인데 편관운이 오면 命과 運이 官殺 혼잡이 되어 사주가 混濁하여 輕하면 夫를 극하고 重하면 生命上에 해가 있다. 생사별 하게 된다.

※ 사주에 官殺이 많고 再次 官殺이 오면 再婚사건이 발생하며 그렇지 않으면 병이 온다 또는 三角 관계로 일이 생긴다.

※ 사주가 신왕하고 官殺中 1개만 있고 동일 관실 운이 오면 부부 충만하여 행복하게 산다. 평생 길하게 산다.

※ 사주에 比肩 또는 劫財가 있고 行운에서

官 또는 殺과 干合이 되면 부부간 언쟁 발생한다. 신왕사주는 약하고 身弱사주는 夫가 外情 또는 다른 여자 사랑하게 된다.

※ 傷官을 用神으로 하는 命은 정관운이 오면 병환이 많다.

　단 金日의 傷官 또는 木火 상관격은 害도 없고 利도 없는 평운이 된다. 만약 정관이 용신이 되면 吉운이 된다.

※ 身弱하고 命中 印星이 없고 官殺이 없고 官殺운이 오면 官殺은 印星을 生하고 印星은 我身을 生하여 발복한다. 만약 인성이 태과하고 官殺운이 오면 내 자녀의 災害가 발생하거나 자녀를 극하여 가정 우환이 생기며 자녀와 死別하며 夫는 기력이 쇠하고 활동력이 약해진다. 또 남편의 권리를 탈취하여 내 주장을 하게 된다. 고집 강하다.

※ 사주에 식상이 태과하면 관살운이 오면 부부이별 문제가 발생한다. 重하면 夫와 死別하게 된다.

※ 正官 偏官운에 地支 刑沖 破害가 되면 부부불화 또는 부부신상에 災害가 발생한다. 매사에 되는 일 없는 인생이다.

4. 육친운 편재, 정재운 보는 법

※ 재성은 편, 정재를 막론하고 길신 길운이라 한다. 그러나 격에 따라서는 길흉이 상반된다.

예) 인수격은 정재운이 오면 인수를 파하고 흉운이 된다. 단, 사주중 인수가 태과하면 도리어 정재운에 흉이 화하여 길이 된다. 사주 중화, 신왕, 신쇠를 본다.

※ 편인격에는 편재운이 제일 길운이며 제2길운이 정재운이다. 이와 같이 흉신을 용신으로 하면 흉신을 극제하여야 하며 이를 역용이라 한다.

반대로 잡는다는 뜻이다.

※ 사주 중에 인수가 약지에 좌하고 정재운이 오면 미혼자는 모를 극하여 불화 또는 생사별이 있다. 또 사주 중에 정재 인수 상극하고 겁재의 구신이 없고 재차 정재운이 오면 필히 부모를 극하여 약하면 이별되고 중하면 사별의 우환이 있다.

불길하다.

기혼자는 시가집의 부모를 극한다.

※ 재운은 부성인 관살을 생조하니 재격 또

는 官格으로 財運이 오면 夫妻같이 발복한다. 단 身旺하여야 한다.
※ 사주중 관성 殺星이 같이 많고 財運이 오면 미혼자는 혼담 또는 他의 유혹을 만나며 어린나이는 我身上에 재앙 병난 등이 있다. 몸 다치기도 한다.
 기혼자는 부정의 행위를 저지르는 일이 있을 수가 있다.
※ 사주에 比肩 劫財가 군집하면 재운이 오면 부정의 행위 재로 인해 투쟁 금전상 또는 친구 사건으로 재액 발생한다.
※ 사주중 관살 혼잡하고 재운이 오면 他人과 연정 관계가 발생하므로 주의할 운이다.

5. 육친운 편인,인수운 보는 법
※ 인수는 아신을 生하는 慈母의 神이다.
 인수는 吉星이라. 대체적으로 吉운이다.
 단, 사주의 배합에 따라 변화된다.
예) 사주 偏官格 또는 正官格으로 印綬운이 오면 官殺은 印을 본다하여 夫는 印綬 즉 관리는 승진하고 商人은 발복하며 사주중 재성이 있으면 특히 복록이 厚하다.

※ 사주 중 官殺의 夫星이 많고 인수운이 오면 官殺은 印에 生化되어 印綬는 왕하고 水운의 인수는 我身을 生助하며 발복한다.

※ 사주 중 印星이 旺成하고 大運 편인 인수가 오면 子女는 不孝 또는 자녀와 生死別한다. 혹 몸 다치기도 한다.

※ 사주 중 傷官格이 되거나 傷官 太過할 때 인수운이 오면 발복한다. 단, 정재가 있으면 가볍게 당한다. 정재가 없으면 길하다.

※ 사주 중 食神格에 편인운이 오면 불측 지 재해 또는 신체상에 재앙이 오며 단 식신상관이 사주중 태과하면 도리어 편인 인수운에 발복한다. 부자되기도 한다.

※ 생시에 식신의 子星이 있고 편인운이 오면 輕하면 子女의 재앙이 많으며 生死別이 있다. 사주중 偏財가 있으면 가볍게 당한다.

※ 사주중에 正財 太過하고 印綬운이 오면 부친의 불화 혹은 불행한 일 발생한다.

6. 육친운 비견운 보는법

※ 사주중에 관계에 따라 比肩을 좋아하면 吉운이 되나 忌神이 되면 凶운이 된다.

※ 신약하고 夫星이 旺한 사주는 比肩운은 我身 日天干에 부조해주니 吉운이 된다.
※ 身旺하고 夫星이 쇠약한 사주는 官殺을 生하는 財神을 원하므로 夫星은 더욱 쇠약하여 凶이 된다. 실패가 많다.
※ 사주 중에 正官이 있고 比肩과 干合하면 夫의 身上에 변화가 생기며 질투사건 발생한다.
※ 운로 大運 地支가 我身 日天干과 同一 五行은 身旺운이 되며 또 三合하여 日干과 同一 五行도 身旺운이 된다. 신왕운을 좋아하는 사주는 吉, 身旺을 忌하는 사주는 凶운이 된다. 사업 실패한다.

7. 육친운 겁재운 보는 법
※ 겁재는 비견과 同一하다. 正財를 극파하므로 금전상의 재해 실재 등을 의미한다.
※ 正財는 夫星을 生하는 오행이다. 劫財운이 오면 이 운을 破剋함으로 부부 불화 쟁투사건이 발생한다. 부부이별도 한다.
※ 사주 중에 官殺 混雜이 되며 干合할때는 凶으로 化한다. 正財가 있으면 我는 더 문제

다. 정재는 관을 도우기 때문이다.

※ 사주 중에 官殺의 求神이 없고 오히려 比劫이 太過하면 부부간에 큰 파탄이 생긴다. 부부이별도 하게 된다.

※ 印綬格이 되어 正財가 破시키면 파격이 되어 있을때는 겁재운이 오면 자기는 福祿이 발생한다. 妻宮은 財星은 겁탈 당하는 식으로 재산 실패한다. 사업가는 패망한다.

제 3장 四柱 格局 정리법

※ 火日 出生한 我身

丙日生 寅月 偏印格
丁日生 寅月 印綬格

丙日生 卯月 印受格
丁日생 卯月 偏人格

丙日生 辰月 食神格
丁日生 辰月 傷官格

丙日生 巳月 建祿格
丁日生 巳月 羊刃格

丙日生 午月 羊刃格
丁日生 午月 健祿格

丙日生 未月 傷官格
丁日生 未月 食神格
丙日生 申月 偏財格
丁日生 申月 正財格

丙日生 酉月生 正財格
丁日生 酉月生 偏財格

丙日生 戌月生 食神格
丁日生 戌月生 傷官格

丙日生 亥月生 偏官格
丁日生 亥月生 正官格

丙日生 子月生 正官格
丁日生 子月生 偏官格

丙日生 丑月生 傷官格
丁日生 丑月生 食神格

※金日 出生한 我身

庚日生 寅月生 偏財格
辛日生 寅月生 正財格

庚日生 卯月生 正財格
辛日生 卯月生 偏財格

庚日生 辰月生 偏印格
辛日生 辰月生 印綬格

庚日生 巳月生 偏官格
辛日生 巳月生 正官格

庚日生 午月生 正官格
辛日生 午月生 偏官格

庚日生 未月生 印綬格
辛日生 未月生 偏印格

庚日生 申月生 建祿格
辛日生 申月生 劫財格

庚日生 酉月生 羊刃格
辛日生 酉月生 建祿格
庚日生 戌月生 偏印格
辛日生 戌月生 印綬格

庚日生 亥月生 食神格
辛日生 亥月生 傷官格

庚日生 子月生 傷官格
辛日生 子月生 食神格

庚日生 丑月生 印綬格
辛日生 丑月生 偏印格

※水日 出生한 我身

壬日生 寅月生 食神格
癸日生 寅月生 傷官格

壬日生 卯月生 傷官格
癸日生 卯月生 食神格

壬日生 辰月生 偏官格
癸日生 辰月生 正官格

壬日生 巳月生 偏財格
癸日生 巳月生 正財格

壬日生 午月生 正財格
癸日生 午月生 偏財格

壬日生 未月生 正官格
癸日生 未月生 偏官格

壬日生 申月生 偏印格
癸日生 申月生 印綬格

壬日生 酉月生 印綬格
癸日生 酉月生 偏印格

壬日生 戌月生 偏印格
癸日生 戌月生 正官格

壬日生 亥月生 建祿格
癸日生 亥月生 劫?格

壬日生 子月生 羊刃格
癸日生 子月生 建祿格

壬日生 丑月生 正官格
癸日生 丑月生 偏官格

※木日 出生한 我身

甲日生 寅月生 建祿格
乙日生 寅月生 建祿格

甲日生 卯月生 羊刃格
乙日生 卯月生 建祿格

甲日生 辰月生 偏財格
乙日生 辰月生 正財格

甲日生 巳月生 食神格
乙日生 巳月生 傷官格

甲日生 午月生 傷官格
乙日生 午月生 食神格

甲日生 未月生 正財格
乙日生 未月生 偏財格

甲日生 申月生 偏官格
乙日生 申月生 正官格

甲日生 酉月生 正官格
乙日生 酉月生 偏官格

甲日生 戌月生 偏財格
乙日生 戌月生 正財格

甲日生 亥月生 偏印格
乙日生 亥月生 印綬格

甲日生 子月生 印綬格
乙日生 子月生 偏印格

甲日生 丑月生 正財格
乙日生 丑月生 偏財格

※ 土日 출생한 我身

戊日生 寅月生 偏官格
己日生 寅月生 正官格

戊日生 卯月生 正官格
己日生 卯月生 偏官格

戊日生 辰月生 庫藏은 格局에 따라 정함.
己日生 辰月生 庫藏은 格局에 따라 정함.

戊日生 巳月生 建祿格
己日生 巳月生 印綬格

戊日生 午月生 羊刃格
己日生 午月生 建祿格

戊日生 未月生 庫藏 特別 定함.
己日生 未月生 庫藏 特別 定함.

戊日生 申月生 食神格
己日生 申月生 傷官格

戊日生 酉月生 傷官格
己日生 酉月生 食神格

戊日生 戌月生 四庫는 格이 없음.
己日生 戌月生 四庫는 格이 없음.

戊日生 亥月生 偏財格
己日生 亥月生 正財格

戊日生 子月生 正財格
己日生 子月生 偏財格

戊日生 丑月生 土月, 辰戌丑未月은 격을
己日生 丑月生　　　　　　　정하지 못함.

제 4장 四柱 用神은 日天干에서 나온다.

 운명 감정시 用神은 命理學에서는 총 대표자요, 용신으로 모든 운명을 판단하는 것이다.
格이란 편재 정재 편관 정관 편인 인수 식신 상관 祿格 羊刃格 등이다.
格局은 月令에서 취하나 그 자체가 用神이 되지는 않는다.

※ 예를 들면서 설명한다면 四柱 日天干이 甲木 日天干이 正官格이라면 酉月生이 되며 丙火 日天干이 正官格이라면 子月生이 된다. 즉 格은 月令에 따라 취하지만 格局은 정해진 것이나 用神은 정해진 것이 없다. 그러나 用神은 月令에 한정되는 것도 아니다.
四柱에는 我身(아신) 体性(체성)이 있는데 甲木이 乙酉月이라면 秋金堂 旺한節기며 秋에 木이 体며 이것을 정관격이라 한다.
甲木은 酉月에 쇠약하며 가을 金은 旺盛하여 金剋木으로 木이 극을 받는다. 그런 연고로 배합의 법칙에 따라 財星으로 官을 生하나 혹은 印星으로 官星을 化하거나 (설기 시키는 것)

하면 財星또는 印星이 용신이 된다.

※ 庚金이 寅月生이면 春金이 体요, 편재격이다. 食傷으로 財를 生하거나 財星이 太過하여 比劫을 用하면 食傷 또는 比劫이 희신이 된다. 그러므로 体星은 一成不変이나 用神은 四柱 배합에 따라 변한다. 그런고로 体는 有定이요, 用神은 無定이라. 먼저는 体星을 보고 나중에는 用神을 論하여야 한다. 그래야만 길흉이 나온다.

※ 四柱에는 용신 희신등이 있는데 四柱 日天干을 月令을 보고 体星을 취한 후 그 格局을 알고 体星과 格은 中和됨을 제일 귀하게 여기며 過强 過弱은 같이 좋아하지 않는다. 体星을 보좌하여 中和케 하는자가 전체의 기본이 되며 이를 喜神이라 한다. 喜神이란 나의 日柱의 소유지물이다.

※ 이상과 같은 取用方法은 五種으로 분류할 수 있다.

①. 抑扶 取用法이 있고
②. 通変 取用法이 있고
③. 病弱 取用法이 있고
④. 調后 取用法이 있고

⑤. 專旺 候旺 合化取用法이 있다.
사주에서 용신을 선택하는 方法 五種류로 분류할 수 있으나 모두다 月슈 장간으로 정리하는 것이다. 그러니 월률장간은 필요하다.
凶神 吉神등에 명칭이 있으나 吉凶에는 무관하다. 사주에 喜神이 되면 편인상관 偏官도 吉神이 되며 命局의 忌神이 되면 正官 財星 印星도 惡神이 된다. 흉신이다.
※ 억부법으로 용신 정하는 법
抑扶에는 두 法이 있다. 인수로 生하고 比劫으로 협조 즉 생조하는 것이다.
抑에도 두 法이 있다. 官殺로 극하는 것 식상으로 泄氣하는 것 모든 것이 상생이다.
※ 예를 들면서 설명한다면 春木이나 夏火나 秋金또는 冬水는 본성이 太旺하다. 그러므로 食傷으로 설기 하든지 官殺로 剋해야 한다. 이럴때 또는 즉 日元을 억제하는 것이 用神이다. (희신도 된다) 길신도 된다.
※ 또 예를 든다면 春金 夏水 秋木 冬火는 日天干이 弱하다. 이럴때는 印星으로 生또는 比劫으로 助해야 즉 日干을 (日天干)扶하는 것이 用神이라 한다.

※ 抑扶 日元 取用法
　(이 사주는 才官格에 印綬가)용신이다.
※ 財星은 午月에 得令하고 丙丁 투간하고 寅午合火하여 태왕하며 午中 己土가 時干에 투간하여 財星의 生助를 받아 역시 旺하다. 즉 日干이 弱하고 財官이 旺하여 財官에 임하지 못하여 印星을 用神으로 정하며 兼하여 亥中 壬水로 財星을 制하고 印星을 보호한다. 즉 印星으로 日干을 扶助하여 用神으로 정한다.

※
甲 甲 甲 甲
戌 辰 戌 辰

이 사주는 가을시절에 태어난 木일생이다. 이 사주는 偏財格에 財旺 用神은 比肩이다.
※ 日天干(天元)과 똑같은 天干에 地支四庫하며 月令에 財星이 旺星하다.
※ 甲木日에 戌月生이다. 신약하다 다행히 甲才 日柱가 辰에 좌하여 辰中 癸水와 戊土가 根을 배양하니 甲木은 有根이다.
※ 財旺身弱하여 比劫을 희신으로 한다. 즉, 用

神은 日元生하는 印星이 된다. 인성이 용신이 되는 사람은 학문에 밝다.

제 5장 日天干을 억제하는 용신법

※
壬 丙 丙 丁
辰 子 午 卯

이 사주는 장군 四柱이다. 夏月에 火日柱이며 羊刃格이 되는데 丙日柱가 午月生이니 羊刃이 되며 干에 장간이 丁이 투출하니 比劫格이 되겠으나 比劫格은 없으니 羊刃格이 되는 것이다.
그러나 地支에 子辰이 會局하여 子午沖을
解消시키고 時干에 壬水 偏官이 子辰 水局이 뿌리를 살리는 역할을 하니 有根한다. 그러므로 壬水 편관으로 양인을 合殺하여 用神이 된다. 즉 용신은 壬水가 된다.
古書에 말하기를 羊刃合殺이면 權位萬理라 하였으니 頭領이 된 것이다.

※
乙 壬 壬 丙
巳 申 辰 子

春節에 水日生이니 水体性이며 春節에 出生한 사주이다. 格은 辰에 乙癸戊가 되는데 時에 乙이 있으니 傷官格이 된 것이다. 이것은 傷官生財格이다. 壬水 三月生으로 春水라 死絶地라 辰土가 地支인데 허약하지만 마침 申子辰水局이 되어 壬水가 投出하여 水旺으로 身旺하다. 비겁은 격을 정하지 않으니 辰中 乙木이 투간되어 상관격이며 水旺이 되어 신왕이라하고 才星巳火의 힘을 설기시키는 역할을 하는 才星이 用神이 되는 것이다.

즉, 旺한 水를 설기하는 것도 抑의 의미가 된다. 扶弱者란 나의 用神이 太弱하면 扶하는 것을 말한다.

扶强者란 나의 用神이 太强하면 나에 用神이 되지 못하고 도리어 나에 적이 된다. 이때는 억제되어야 나의 필요한 용신이 된다.

※ 부약자란 財生 官格, 財滋弱殺格살이 약하면 偏官이다. 官生 印格, 殺生 印格, 食神 生財

格 등이다.
※ 억강자란 食傷制殺格 (官星도 많으면 즉 살이 된다) 財破印格 財洩食傷格 印洩官格 印制食傷格 등이다.

※ 扶助하는 用神法
甲 己 丙 甲
子 丑 寅 子
정관격이 官印相生格으로 되었다.

※ 初春寒土体 즉 추운 초봄에 我身은 土日生이다. 用神印綬이다.
※ 己土가 寅月生이라 추운 己土라 丙火로 용신 한다.
※ 正月 丙火라 아직 따뜻한 火가 아니지만 寅中 甲丙이 투간되어 官旺生印하여 己土를 生한다. 다행히 대운이 木火 東南운으로 운로가 흘러서 대발한다. 이 命은 日元은 太弱하지만 財官이 太旺하여 印星을 用神으로 하니 丙火가 官星의 生을 받아 旺하며 己土를 生助한다. 즉 丙火 喜神弱하지만 억부용신으로 취한 것이다.

※
庚 壬 丙 甲
子 申 寅 申

이 사주는 식신생재격이다.

※ 春月에 水体性에 用神은 木火인데 억부로서는 金이 된다. 차이점이 있는데 경험으로 연구하면 답이 나올 것이다.

※ 天干地支모두가 水와 火가 태왕하다. 그러므로 用神은 水되고 水運이 吉하다.

※ 命宮은 壬水 日柱가 寅月生이라. 12운성에 病地가 되어 春水가 메마르니 庚金이 生助하고 申子 寅申 合沖이 되니 水局이 생겼으니 身旺 四柱이다.

※ 寅中 丙을 12운성을 보니 生이 된다. 食神 得祿하여 旺子水로 泄하고 財星을 生하여 富貴之命이다.

※ 억부용신 잡는법

戊 丁 甲 戊
甲 卯 寅 辰

格은 印綬格이다.

春火 体로서 印旺用神은 財星이 되는데 丁火日 天干이 寅月에 出生하여 甲木이 堂令하고 寅卯 辰方 木기가 太旺하여 木多 火旺之象이다. 印星이 太强하니 印星을 剋하는 財星을 取하여 申中 庚金을 용신으로 정하여 印星을 破하여야 한다. 그러므로 申中 庚金을 取用한다. 즉 억부용신에는 많은 五行을 극하는 것이 되었다.

※

丁 乙 辛 癸
亥 酉 酉 未

식신제살格 (편간격에 해당함)

가을 酉月이 乙木에 해당하니 편관격이다

乙木日柱가 酉月 衰弱하나 地支에 亥未가 木局이 되고 12운성에 未는 養에 해당하며 癸 水가 日天干을 生하니 不弱하다. 그러므로 秋木은 酉辛金이 있어서 극을 많이 당한다. 金이 太過하니 丁火를 用神으로 정하여 殺을 制殺한다. 즉, 억부용신법에는 火가 용신이 된다.

※
戊 戊 戊 丁
午 申 申 酉

식신格 사주이다.
土金으로 정리된 사주로서 申月 戊土日生은 金이 왕한 사주이며 土의 힘을 설기하니 午中 丁火가 투간하여 식신을 극하고 日干을 생하여 부귀격이 되었다. 즉 억부용신법으로 身旺財旺 四柱이다.

※
甲 己 庚 戊
子 丑 申 寅

통관 용신法 (상관격이다)
土日 申月生으로 火가 없으나 寅에 암장 丙火가 있어서 五行이 다 있는 것이다.

※
庚 己 丙 己
午 巳 子 亥

신약사주이다.

五行은 다 있는데 木만 하나 없는 사주이다.
이럴 때는 장간 年 月 時 中에 木이 나오면 그 木으로 용신을 정하면 통관된 사주용신이라고 하는 것이다. 丙火가 용신이나 木용신도 될수 있는 것이다.

※
己 丁 酉 丁
酉 酉 午 酉

이 사주는 日丁火에 月午火를 대조하니 比肩이다. 格局에는 比劫格은 없기 때문에 장간을 보니 午에는 丙己丁이 있는데 時天干이 己土이니 식신격이 된 것이다. 月령은 건록이 되었고 天干에 丙丁火가 같이 있어서 身이 왕성하다. 酉金才星도 三合이 있어서 역시 왕하다. 그러나 比劫이 重첩되어 쟁재하여 病이다. 그러나 용신은 식신이 되는데 그 이유는 통관 火 金중간에서 土가 들어가면 火生土 土生金이 되기 때문이며 억부법에는 火가 用神이 될수도 있다.

1. 男子 六親 秘法
(1). 比劫 太旺은 夫婦 生死別 또는 父親早失
(2). 正財 太旺은 母親早別
(3). 食神 太旺은 子孫無 或有라도 生死別
(4). 正官 太旺은 兄弟 早死한다.
(5). 印綬 太旺은 장인 장모 生死別 한다.

2. 女子 六親 秘法
(1). 劫財 太旺은 父親 生死別 한다.
(2). 偏財 太旺은 母親 生死別 한다.
(3). 傷官 太旺은 夫婦 生死別 한다.
(4). 편관 太旺은 兄弟 生死別 한다.
(5). 편인 太旺은 子孫無 或有도 生死別

제 6장 四柱에는 格局用身이 가장 중요하다.

1. 모든격에는 八定格과 66격이 있다.

모든 格局은 八定格과 66格이 있는데 이 기초가 변화 작용이 되어 수많은 格局이 탄생할수 있는 것이다. 그 중에서도 変化格으로서는 專

旺格과 化格이 重하게 되는 것이다. 專旺格이란 변동되지 않고 발생된 格이며 化格이란 변화된 것을 말하는 것이다.

格이란 天干을 말하는 것이고 局이란 四柱月柱 地支를 명칭하는 것인데 보통 부르기는 月地支를 提網(재강)이라고도 명칭을 쓴다.

合局을 종합하여 日柱 기준해서 地支판국을 살펴서 規格을 정하는 것을 地支局이라 한다. 局字를 따고 規格(天干對天干)이라 하여 判局과 規格을 합쳐서 定格局이라 명칭하는 것이다. 모든 상품에도 格局이 있는 것이며 품격이 있는 것이다.

※ 格局의 총수는 518400개가 된다고하며 혹은 280격이라고도 하고 140格까지 본다고 하니 과연 많은 것은 사실이다. 그러나 66격까지는 꼭 알아야 한다.

2. 格의 구분 및 실예

　　格에는 內格과 外格이 있는데 관찰해 보자
※ 內格은 正官格, 偏官格, 正財格, 偏財格, 印綬格, 偏印格, 食神格, 傷官格으로 하여 八格이 內格이다.

※ 外格은 八格이란 比肩劫財는 格이 없으므로 제외하고 그 다음 괘명이 66格이 있는데 이것 內外格 모두 합치면 74格이 되며 이 외에도 數없이 格이 있으나 우선 기본만이라도 알면 되는 것이다. 외격은 뒤로 도표에 있다.

※ 內格 정하는 법

月柱 地支장간에 암장으로 정하는 것인데 그 암장된 천간중에서 格局이 되는 것이다. 암장된 천간이 하나밖에 없는 卯字나 酉字 같은 것은 그대로 정하지만 문제는 암장에 지장간이 3개씩 있는 것은 어떻게 하는가의 예를 들면 巳中에는 戊丙庚인데 이 중에서 골라서 격국을 정하는 것이 원칙이다.

※ 본기가 투간 될 때의 원칙 보는 법

寅字는 甲, 卯月은 乙, 辰月은 戊, 巳月은 丙, 午月은 丁, 未月은 己, 申月은 庚, 酉月은 辛, 戌月은 戊, 亥月은 壬, 子月은 癸, 丑月은 己 이와같이 月地支에 陰陽에 따라 같은 五行의 天干이 본기가 된다.

예를 들면 寅月의 장간은 戊丙甲이 되니 寅은 陽木인데 3개중에 陽木은 甲字가 있으니 甲이 本氣가 되는 것이니 本氣가 天干에 있으면 比劫만 쓰지 않고는 무조건 本氣가 格이 되는 것이다. 즉 甲木이 透出되어 있으면 六親으로 그것이 格局이 된다.

(예1)
己 戊 乙 辛
未 戌 未 丑

이 사주는 戊日생이 未月에 出生하였는데 未에 암장된 글자는 丁乙己인데 乙木도 천간에 있고 己土도 있으니 乙인지 己가 격국인지 따지게 될 것이다. 그러나 己土는 日天干과 상대한다면 比劫이 되니 比劫은 格을 정하지 않는 법칙에 의하여 비겁은 무조건 보지 않으니 乙木으로 日天干을 상대하면 正官格이 된다.
참고할 것은 辰 戌 丑 未는 정상적이 아니다하여 雜氣財官格으로도 볼수 있으나 本氣 透干者로 格을 잡는 원칙에 따라서 正官格으로 格을 잡는 것이다. 이것을 좋다고 한다.
<地支五行 陰陽 同一이 첫째이다>

(예2)
丙 辛 乙 丁
申 巳 巳 酉

이 사주는 月地支 巳中 장간이 戊 丙 庚이 들어있는데 庚은 比劫이 되니 버리고 戊丙中에서 四柱에 어디있는가 보니 丙字가 時上에 있다 이것을 透出되였다 하며 透出된 것이 육친으로 正官이 되니 正官格이라 한다

(예3)
癸 丙 丙 甲
巳 申 子 辰

이 사주는 子月 丙日생인데 子月장간이 壬癸字이나 子陰水를 따라가니 癸가 時天干에 있으며 正官이 되니 正官格이 된 것이다. 중간 명주라 한다.

(예4)
乙 丙 戊 乙
未 戌 寅 卯

- 243 -

이 사주는 丙火 日柱에 寅月生이다. 寅에는 戊丙甲이 암장되어 있는데 丙字는 日天干과 같은 비견이니 버린다. 남는것은 戊甲字만 남는데 같은 글자 四柱에 찾으니 戊字가 日柱上에 透干되어 있으니 食神格이 된다. 만약 암장된 戊丙甲中에서 四柱에 같은 天干이 모두 있다면 (가령 戊字와 甲字가 다 있다면) 어느 것을 잡을수 없으니 이때는 四柱 全体에서 五行이 가장 많은 것을 따라서 (方合까지 본다) 土가 많으면 土局이며 木이 많으면 甲은 丙日柱에 편인이 되니 편인국이라 명칭한다.

(예5)
戊 庚 丁 戊
寅 辰 巳 辰
土 金 火 土
木 土 火 土

이 사주는 巳에는 戊 丙 甲이 들어 있는데 戊字도 2개 있고 丙字도 丁火가 있으니 같이 있는 것으로 본다면 다 있는 것이 된다. 그러니 五行中에 가장 많은 것을 찾으니 土가 많으니

偏人격으로 定한다.

(예6)
戊 癸 己 甲
午 亥 巳 子

이 사주는 月은 巳이고 日天干은 癸水日生이다. 巳月에 장간은 戊 丙 庚이 되는데 丙 庚은 四柱에 없고 戊土가 時頭에 있으니 戊土 正官格이 되는 것이다.

(예7)
戊 癸 丙 己
午 亥 寅 巳
土 水 火 土
火 水 木 火

이 사주는 寅月에 水日生이다. 寅月의 장간은 戊 丙 甲인데 寅에는 甲木이 원칙인데 甲木은 天干 四개중에 없다. 이때는 强者가 格이 되는 것이니 火가 많은 四柱이니 丙火를 格局으로 정하는 것이다. 正財格이다.

※ 특수오행 표출법

月柱 장간중 암장된 天干이 이 四柱에 本氣가 透干된 天干이 透出되지 않았을 때는 四柱 五行 多小를 句分하여 정한다. 이것을 氣歲라고도 한다. 예를 들어 설명한다면 巳月生 四柱지장간 戊 丙 庚字 중에서 透出된 五行이 없을때는 戊 丙 庚 全局을 보아서 많은 五行이 火라면 丙火로 格局을 정하고 土가 많은 四柱라면 土局이 된다. 金이 많을 때는 金局이 되는 것이다.

(예8)
丙 甲 丁 丁
寅 子 亥 丑

이 사주는 亥月에 장간은 戊甲壬이 되는데 四柱에 壬字와 戊字가 透出되지 않고 甲子는 일주에 있으나 比肩이 되는 天干이니 버리라고 했으니 같은 오행이 透出되지 않는 것이다. 이때 四柱 全体를 五行을 多小를 보니 亥 子 丑 北方 水가 많은 사주가 되니 水는 壬水가 지장간에서 나왔으니 壬水를 印綬格으로 정한다.

(예9)

辛 丙 庚 辛
卯 寅 寅 丑

이 사주는 寅月 丙日生인데 寅에 암장된 天干은 戊 丙 甲이며 日天干과 같은 五行은 빼버리니 戊 甲이 四柱 內에 없다. 四柱 元局 (四柱五行을 말함) 을 보니 寅卯가 木이 가장 많으니 寅암장 甲을 격으로 하여 偏印格으로 정하는 것이다. 가령 丁日 巳月生이라 한다면 巳에 암장은 戊 丙 庚이 들어 있다. 丁火 丙火 같은 比劫이니 버리고 戊 庚字 중에서 하나를 쓰게 되는 것인데 本氣를 쓰고 本氣가 아니면 다른 천간도 쓴다.

甲日 寅月生이라면 寅, 戊, 丙, 甲이 되는데 寅木 甲木은 比劫이니 버리고 戊 丙字 중에서 本氣를 찾아 格으로 정한다.

(예10)

己 壬 壬 甲
丑 申 申 寅

이 사주는 申月장간이 戊 壬 庚이 되는데 壬水는 比劫이 되니 버리고 戊 庚 字 중에서 天干을 찾아보니 天干에 없다. 이때는 五行많은 편을 따라 格局이 된다. 申金이 많은 사주이니 (더 왕성하다) 장간中 庚金이 채택되어 편인格이란 명칭을 부치게 된다.

(예11)
丁 戊 乙 壬
巳 辰 巳 寅

이 사주는 巳月에는 戊 丙 庚글자가 암장되어 있는데 戊字는 日天干과 比肩 劫財되니 버리고 丙庚만 쓰게 되었는데 四柱 內에 丙庚이 없다. 그런데 四柱中 五行旺을 보니 火가 가장 왕성하니 장간에 火는 丙火가 있으니 편인格이 되는 것이다.

※이상의 종류 원칙을 암기할 것과 月地장간에 장간되지 않고 年月時 干이나 時支에서 六神의 상황에 따라 성립되는 格이 있으며 六神 用神으로 格局이 달라지는 법도 있으니 앞으로 많

은 연구가 필요하다.
자세하게 다시 설명한다면 正官格이 되었는데
인수 용신으로 본다면 인수격이 되었는데
正官 用神으로 본다면 正官格이 되었는데
七殺格으로 되는 이치를 말한다.

(예12)
壬 丙 乙 戊
辰 寅 卯 午

이 사주는 日天干은 丙火인데 卯月에 出生하였다. 卯月장간은 甲 乙 두글자가 나와도 正氣는 卯陰 乙陰 木이니 乙이 첫째 격국을 정하는데 月上에 乙木이 있으니 인수격이다. 인수격에는 무조건 官星이 用神이 된다. 時上 壬水이다. 그런데 부르는 명칭은 격은 印綬格이며 用神은 官이라 하여 印綬 用官格이라 명칭한다.

(예13)
壬 甲 辛 丁
申 午 亥 巳

이 사주는 亥月장간은 戊 甲 壬이 되는데 日天

干이 甲이니 甲을 쓰면 비견이 되니 버린다. 戊壬 두 개중에 선택하는데 亥는 壬水가 되니 時上 壬水가 格局이 되어 편인격이라 한다. 用神은 辛金이 되는데 金을 쓰면 사주가 너무 약한 사주이기 때문에 泄氣하는 用神을 정하려고 장간에서 찾다 보니 午日에 丁이 나오는데 年天干에 있으니 丁화가 用神이 되는 것이다.

※ 用神이란 四柱의 정신이다.

※ 用神法에는 木이 강하면 억제하는 金이 용신이며 그 억제하는 金이 너무 많으면 金을 억제하는 火를 용신으로 잡는다. 木이 많을 때는 金으로 극하는 것보다 火로 泄氣하는 것이 더 좋다.

(예14)

癸 丙 乙 癸
巳 子 卯 未

이 사주는 丙日 卯月生인데 月장간에 乙木이 月天干에 透出되었다. 또 卯未가 合局이 되어 신왕사주인데 格은 인수격이며 인수격은 자연 身旺되는 것이니 官이 자동적으로 用神이 되어 官印 相生格이 되어 암행어사가 된 사주이다.

(예15)
丙 甲 辛 壬
寅 子 亥 戌

이 사주는 月支亥에 암장이 戊 甲 壬이 되니 甲은 比劫이 되어 버리고 戊 壬의 두자 중에 天干에 있는가 보니 壬字가 年天干에 있으니 편인격이 되었다. 食神丙火가 寅에 生이 (自坐라함) 되니 着根하였다하는 것인데 夫星인 辛金은 戌中 辛金 通根은 하였으나 壬 亥 子水가 旺하여 물에 금이 잠기는 형국이다. 酉方 申向 金운에 官星을 得助하여 貴命이 되었고 丙午운에 火가 得勢하여 과부되었고 인수 신왕에 官을 요하는 사주이다.

(예16)
丙 乙 辛 丙
戌 亥 丑 申

이 사주는 丑月 乙日生으로 丑에 암장은 癸 辛 己가 있는데 丑中 辛金이 月上에 透出하여 편관격이 되는데 土金 木日生에 官殺이 혼잡하여 日柱가 심히 약하다. 다행히 年時上에 丙火가 있어 時支 戌中 丁火가 着根하여 조후를 하고 있어 丙火 傷官으로 用神하여 制殺되고 아름답게 되었다. 壬水대운에 用神이 힘이 없어 죽지 못해 살더니 南方 火旺운에서 용신 丙火가 得力 金殺을 제거하니 집안이 평안하고 申대운에 이르러 官殺이 得勢하여 용신이 무력하여 사망하였다.

3. 四柱 用神法
※ 용신법에는 극제하는법, 助하는 法, 泄氣하는 법, 비겁하는 법 등의 네가지의 법이 있다.
* 用神法은 결과는 극하는 법과 扶하는 법 종류가 두가지로 된다.
* 비겁하는 법과 生扶하는 법, 泄氣하는 법, 극하여 상하게 하는 법 이런 식으로 용신을 정하는 것이다. 이것을 한마디로 말하면 生扶泄傷이라 한다. 생부설상이면 四柱해설법이 다 들어간 말이다.

※ 용신법 종류= 격국용신, 억부용신, 병약용신, 통관용신, 조후용신 등 5종류가 있는 것이다.

※ 용신의 성질

* 格局用神이란 사주규격과 判局을 보아서 용신을 정하는 것을 말한다.
* 억부용신이란 강자는 억제하고 약자는 비겁하여 작용하는 것을 말한다.
* 病弱用神이란 사주원국의 病을 보아서 제거하는 약을 말한다. 그 병이란 四柱格局에 따라서 扶身함을 필요할 때 그 부신하는 오행을 극제하는 자가 되고 억제할 때는 억제하는 오행을 극제하는 자가 병이 되는 것이다.
약이란 극제하는 자를 또 극제하는 자가 약이 되는 것이다.

4. 사주 五行의 뜻과 藥이란 무엇인가

木日柱가=火多 則 火는 木을 태운다. 火가 병이 되니 나쁜 火를 制하는 水가 약이 되며

火日柱가=土多 則 火氣無光하여 土가 병이 되니 土를 제하는 木이 약이 된다.

土日柱가= 水多 則 財多身弱으로 水가 병이

되니 水를 制하는 土가 藥이 된다.

金日柱가= 金多 則 比肩太과으로 金이 病이 되니 이것을 日柱의 병이라고 하며 이를 制하는 火가 藥이 되는 것이다.

金日柱가= 土가 많을때 土多金制로 土가 病이 되는 것이니 制하는 木이 藥이 되며

水日柱가= 木 많을때 설기 태왕하여 木이 病이 되니 木을 극하는 金이 藥이 된다.

※ 용신법에도 일주용신, 행운에 용신, 육신용신법이 있다.

※ 日柱用神이란
　己 壬 丙 丁
　酉 子 午 卯

이 사주는 正財用印格인데 壬日 午月生이 午中에 丙 己 丁 중에서 丁火 本氣가 透出하여 正財格이 되는데 火土가 많아서 신약사주이다. 그러니 日柱를 生하는 時酉中辛金으로 用神을 정하니 정제 용인격으로 時柱 用神이 된다. 格은 正財며 용신은 인수가 된다는 뜻이다.

※ 육신용신법
　戊 丁 甲 癸
　申 巳 寅 卯

이 사주는 印綬 用財格인데 丁日生이 寅月에 出生하였다. 寅中에는 戊 丙 甲이 되는데 丙은 버리고 戊 甲中에서 甲이 本氣가 되며 透出하였으니 印綬格이며 그런데 四柱 全体를 보니 인수가 태왕하다.
生扶太過면 억제하든지 부조하는지가 용신이라 하였으니 時支申中 庚金으로 用神을 정하여 旺木을 극제코저하니 인수는 格局이니 用神은 才星이 된다는 뜻이다.

※ 행운용신법
　乙 乙 己 庚
　酉 亥 卯 寅

이 사주는 卯月 乙日生인데 木 本氣가 時에 透出하였으나 比劫은 격을 잡지 못한다는 원칙에 의하여 本氣로 격을 잡지 못하게 되었다. 月上 己土는 많은 木이 극하는 오행이니 쓰지 못하고 旺者를 찾으니 時酉金中 辛金으로 用神을 하게되니 用神 辛金은 月支卯와 沖극이 되며 用神이 무력하다. 관성도 무력하니 화류계로 고생하다가 辛巳운에 金극해를 당하여 용신보강되니 한때 성공도 하였으나 午年 大운 甲子 세운년에 用神이 火운을 만났으니 世上을 쓴맛으로 떠난 사주이다.

※ 억제하고 부조하는 용신법
　　丙 乙 辛 丙
　　戌 亥 丑 申

이 사주는 丑月 乙日生이다. 丑中에는 癸 辛 己가 들어 있는데 辛金이 透出하여 편관격이 되는데 土月이 金을 生하니 관살이 혼잡하고 日柱가 너무 약하다. 그런데 다행히 年時上에 丙火가 있어 官殺을 制殺한다. 그러나 申이 더 旺相되는 大運에는 황천행이다.

※ 인수격
　　己 丙 丁 乙
　　丑 午 亥 巳

이 사주는 인수격이 되는데 用神은 亥官이다. 亥官은 巳가 沖하고 있는데 또 巳를 만날 때 일을 당한다. 申酉 大운에는 用神을 生하니 대발전하였고 午未 南方火운에 制殺 太過로 用神이 破殺傷되어 파란만장하다가 巳運 丙戌年에는 사망하였다.

5. 병과 약의 사주에 용신법 실예

※
甲 丁 己 壬
辰 丑 酉 戌

이 사주는 장간에는 庚辛 두자인데 四柱 天干에 하나도 없으니 가장 많은 五行과 같은 土를 따르려 해도 없다. 그러니 많은 土를 극하는 것이 木인데 用神을 정해도 土가 너무 많으니 많은 土를 극하는 木을 도우는 (용신을 도우는 자가 용신) 水를 용신이 되지만 藥神은 時上 甲木이 된다. 土는 病神이 되니 甲 乙 寅 卯 大運이 되면 病神이 되는 土는 죽으니 大富 大貴하게 된다.

※ 調候用神例
　甲 辛 癸 壬
　午 丑 丑 辰

이 사주는 丑月生이다. 丑中에 癸 辛 己가 있는데 癸水가 月上에 있다. 이것이 격국인데 식신격이다. 많은 土에 日柱가 生을 받아 日柱가 高强하다. 그러나 추운 12月에 辛日 金日生이니 너무 차다. 조후가 요망되는데 따뜻한 불이 필요한데 時午에 丙己丁이 있어 用神이 火가 되니 南方 火大운에 크게 성공하였다.

※사주에 통관 용신 실예
　己 丁 丙 庚
　酉 酉 午 戌

이 사주는 午月에 丁日生이다. 午장간을 丙 己 丁인데 丙丁은 버리고 己土가 火金 싸우는 중간에 식신격이 되면서 싸움을 中和시키는 역할이 되었다. 식신생재격이 되어 부자로 산 사주이다.

※ 용신 분류하는 법칙

格局 抑扶 病藥 調候 通關등의 用神은 사람이 살아가는 이치와 똑같이 抑强 扶弱의 原理에 의하여 강자는 制하고 弱者는 扶하는 生剋制化 원칙에 의한 것이며 추운데는 덥게 하고 앞뒤가 꽉 막힌 것은 통하게 해주고 마른 것은 축축하게 너무 젖은 것은 말리고 하는 이치란 점을 생각하면서 命理에 入門하여야 한다.

6. 사주학에 용어

사주 用語는 易學者라면 꼭 암기해두기 바란다.

◎ 精이란 日干 生하는 印綬를 말함.
◎ 神이란 日干을 극하는 관살을 말함.
◎ 氣란 日干과 같은 比劫을 말함.
※ 有精한 사주는 印綬가 旺해도 무력하다.
※ 氣가 旺하면 외로우며
※ 官殺이 旺하면 쇠약하여 의지할 곳 없다.
※ 또는 인수가 부족하면 신약사주가 되고
※ 비겁(기)가 부족하면 부귀가 두텁지 못하고
※ 神(官殺)이 부족하면 官祿이 없으니 무능하다. 이상 정신기만 다 있는 사주는 流通이 잘

되니 어떤 운을 만나도 大富大貴할수 있으니 이 정신기가 사주 상에서는 중추적 역할을 하는 오행이다.

7. 喜神과 忌神또는 仇神과 閑神이란
    무엇을 말하는 것인가
※ 喜神은 用神을 生助하는 六神이다.
※ 忌神은 用神을 剋破하는 六神이다.
※ 仇神은 喜神을 剋制하는 六神이다.
※ 閑神은 아무 이해관계 없이 무덤덤한 신이다.
※ 예를 들면 甲木이 용신이면 木을 生하는
    水는 喜神이 되고 甲木을 극하는 金은 忌神이며 용신을 生하는 水를 극하는 土가 구신이며 이외 火는 閑神이 된다.
한신은 용신을 생하지도 않고 극하지도 않고 아무 영향을 주지 않는다. 한가롭다 하여 한신이라 하는 것이다. 그래도 한신은 희신에 속한 오행이다.
※ 사람에게 있는 것과 같이 四柱에도 유정 무정이란 것이 있다.
좋은 사주는 용신이 왕성하여야 하며 용신이

日天干과 거리가 가까이 있는 것은 有精四柱이며 멀리 떨어져 있으면 無精四柱라 한다. 有精한 사주는 貴格이라 하며 無精四柱는 약한격이라 한다.

(실예)

四柱 用神이 丙火라면 丙은 時干에 있고 月干에 壬水가 있고 年干에 丁이 있다면 丁 壬合되어 木이 되어 떨어졌어도 合이 되어 용신을 생할 때는 有情四柱라 한다. 떨어져도 有情이다.

(가령)

用神이 庚金인데 年干에 있는데 日干과 멀리 떨어져 있고 月干에 乙木이 있으면 서로 干合하여 金으로 化해서 庚金이 日干과 가까이 오면 멀리 떨어져 있어도 좋은 것이다. 또는 日天干의 丙火인데 또는 四柱에 없고 水(癸)가 있을때 戊癸가 合化하여 火로 되며 四柱의 用神이 되는 때이다. 또는 用神이 金이 되는데 年支에 酉金이 있어 用神이 멀리 떨어져 있을때 日支에 巳火가 있으면 서로 合하여서 忌神이 되었든 巳火가 金으로 化할 때 日干에 접근시키는 결과가 되면 더욱 아름답다고 본다.

※ 四柱에는 기반이란 것이 있다.
기반이란 사주에는 干合이 되어 忌神이 될 때도 있고 喜神으로 변화할 때도 있는데 忌神으로 合局 五行이 나오면 災禍가 심하고 喜神으로 五行이 나오면 四柱格이 좋다.
그런데 合이 되어도 喜神도 아니고 忌神도 아닐 때가 있는데 合은 반드시 陽과 陰이 합해서 合局 五行이 나오는데 陰刊을 말하기를 기반이라 한다. 힘없다는 뜻이다. 혹은 四柱中 用神이 陽인데 陽과 合局이 되면 그 사주는 평생 고생만 한다.

※ 사주가 중화(中和)된 것은 무엇인가.
사주 중화가 잘되면 부귀 영화 한다.
양쪽을 중화란 五行이 서로 상극되었는데 중간에 들면 양쪽을 合시키는 流通된것을 말하며 서로의 싸움을 막아 주는 것이다.

※ 四柱 통관이란 무엇인가
四柱五行 中에는 두 개가 똑같이 머리라고 힘주는 오행이 있는데 이를 서로 流通하도록하는 육신으로 용신을 삼는 경우가 있는데 이 경우 그 용신을 통관지신이라고 한다. 가령 정재와 인수가 서로 대치하여 있을 때 그 세력이 兩立

하여 그 어느 하나를 억제하기 어려울때 관살로 才生官 官生印하여 양자를 서로 유통시켜서 오행의 중화를 시키는 것이다.

8. 조후(調候)란 무엇인가

※ 天地 陰陽의 조화를 조후라 칭한다. 날씨가 춥고, 덥고, 마르고, 너무 습기가 있는 것을 오행상으로 정한 것을 말하는 것이다. 天干의 庚辛壬癸는 寒冷하고 木火 즉 甲乙丙丁은 따뜻하다. 天干의 戊己는 춥고 덥고 중간이 된다. 地支에서는 申酉亥子는 습하고 寅卯巳午는 매마른 편이다. 이를 계절별로 보면 秋冬節은 寒濕하고 春夏節은 덥고 마르다.

이와 같은 한난조습의 기후 조절은 다음과 같다. 사주 전체가 한습하면 마른 것이 좋고 지나치게 난조하면 한습한 것이 좋다. 사주가 지나치게 한습 또 온난한때는 억부 병약 등의 원칙에 의하지 아니하고 조후에 따라 용신을 정하는 것이 원칙이다.

9. 四柱 格局의 종합해설

正財格(일명 正財 用傷格)

乙 甲 戊 庚
亥 辰 子 寅
木 木 土 金
水 土 水 木

이 사주는 木日柱 水가 왕절이 되니 木이 水에 떠있는 식으로 신강한데 申 子 辰 水局이 되어 水에 떠있는 식이 되었다. 그러니 乙을 庚合金 이 있고 辰 子合 水가 되고 寅 亥木이되고 寅 辰方合 木이 되니 水木에 떠있다. 그러나 재격 으로 정하니 食傷이 用神이 된다.

※ 많은 것은 土가 되니 正官格이다.

正官格
戊 己 甲 己
辰 卯 戌 丑
土 土 木 土
土 木 土 土

이 사주는 己日柱가 戌月 土왕한 절기에 태어 났는데 비견 겁재가 너무 많으니 비겁을 극하든지 설기하는 것이 格局이 되어야 하는데 설기는 없고 극하는 甲木을 격국으로 정한다. 그러니 정관격이 되고 평생 여자운은 없으며 고생할 운명으로 본다.

※ 비겁은 격이 없고 많은 것은 正官과 편관인데 卯木은 戌과 合되니 正官이 격국이 된 것이다.

偏財格 (일명 편재용인격)

丁 己 癸 癸
卯 亥 亥 酉
火 土 水 水
木 水 水 金

쉽게 말하면 용신은 인수며 격은 편재격이란 뜻이다. 편재는 많으나 인수가 약하니 편인이 용신이 된다. 그런데 학술로 술어를 만들면 편재가 많은 편재 용신은 印綬란 뜻으로 편재용인격 또는 편재인수격 등으로 이름 한다.

偏財格

乙 己 戊 乙
亥 未 子 亥
木 土 土 木
水 土 水 水

이 사주도 편재가 많다 또는 月地支子에는 壬癸가 나오니 편재격이 된다. 그런데 신약사주가 되다 보니 용신은 火를 해야 하는데 水가 없으니 劫財가 용신이 되며 火土운을 만나면 발복한다. 이것을 이름하기를 格은 편재격이면서 용신은 劫財가 된다고 하고 이름하기를 편재용겁격또는 편재용인수격 식으로 이름하는 것이다.

편재격

丁 己 癸 壬
卯 卯 丑 申
火 土 水 水
木 木 土 金

이 사주는 丑字에 癸 辛 己가 되는데 日天干이 癸水이니 격국은 편재격이 되었다. 그러나 신약한 사주가 되다보니 용신은 편인이 되는 사주이니 이름하기를 편재격에 용신은 印綬라하여 편재용인격 또는 편인용편재격이라고 이름하는 것이다.

偏財格

丁 己 乙 癸
卯 亥 丑 丑
火 土 木 水 木
木 水 土 土 水

이 사주는 신약하다 이유는 亥卯木이 생기니 나를 극하는 오행이요 亥丑水局이 생겼으니 내가 약해진 것이라 보겠다. 격국은 丑月 癸辛己가 나오는데 年癸水가 있어서 편재격이 되었다. 용신은 丁火가 되어 正財用印綬格이라 명칭도하고 偏財印綬格이라고도 말할수 있는 것이다.

傷官格
丁 庚 丙 癸
丑 子 辰 巳
火 金 火 水
土 水 土 火

이 사주는 金日 辰土 旺절에 태어났다. 辰土암장에 癸水가 年에 透出했으니 癸水가 格局인데 상관이 격국이다. 그런데 난데 없는 官殺이 혼잡했으니 官殺을 剋시킬수 있는 格局自身이 용신이 되어 官殺을 극하는 것이 좋다. 그러니 이름은 傷官除殺格이라 하여도 좋고 또는 용신은 印星을 정해도 되니 傷官用印綬格이라 이름해도 되는 것이다.

상관격
丙 庚 辛 辛
戌 子 卯 亥
火 金 金 金
土 水 木 水

이 사주는 卯月 장간에 甲乙이 되는데 甲乙이 透出되지 않았으니 부득히 五行 많은 것을 찾아야 되는데 亥子方合이 하나 더 생기니 水다 하여 子水상관격이다.

正財格

丁 庚 辛 丙
亥 戌 卯 寅
火 金 金 火 水
火 土 木 木 火 木
病 衰 胎 胞

이 사주는 卯甲乙인데 透出되지 않았으니 五行 많은것을 찾는데 丙辛合水가 나오며 月陰 乙木 으로 正財格이 된다.

양인格

戊 庚 癸 甲
寅 戌 酉 戌
土 金 水 木
木 土 金 土
　　　旺

이 사주는 月酉에 12운성에 旺이 임했으니 양인격이 된다. 酉에는 庚辛이 있는데 庚辛 모두 비겁格에 해당하니 透出하지 않았으니 양인이 月地支에 해당할 때는 羊刃格이라 하는데 酉月에 辛金이 있는데 寅中에 丙火가 있으니 일명 羊刃合殺格이라 이름하기도 한다.

양인格
庚 庚 己 丁
辰 子 酉 丑
金 金 土 火
土 水 金 土 水 金
　　　旺

이 사주도 酉에 庚辛이니 비겁에 해당하니 버리고 月支에 羊刃살이 붙게 되어 양인格이라 하는데 用神 正官 丁火가 되니 羊刃 用官格이라 이름 한다.

양인격

丙 庚 甲 甲
戌 申 戌 午
火 金 木 木
土 金 土 火
衰 冠 辛 浴
　　　丁
　　　戊
　　　旺

이 사주는 時에 건록이 된다. 戌장간은 丁戊인데 天干에 없다. 羊刃格이 되는 것이고 용신은 식상이 되는데 용신이 없다. 가상으로 용신 정한다.

편관격

丙 庚 庚 己
子 戌 午 未
火 金 金 土
水 土 火 土

이 사주 月支 午火를 陰으로 변동시켜 日天干과 六親을 부치니 정관이 되는데 장간에 午에는 丙己丁인데 時에 丙火가 格이 되니 七殺用, 印綬格이란 이름을 붙이게 되는 것이다. 관살이 月地支가 되고 時에 같은 오행 丙火가 있으니 丙火를 格으로 정하고 용신은 印綬로 정한다는 뜻을 이름 짓은 것이다.

편관격
丙 庚 甲 辛
戌 子 午 酉
火 金 木 金
土 水 火 金

이 사주는 午에 丙火가 나오니 편관칠살이 되니 이것도 七殺格이다. 용신은 印綬가 좋겠으나 辛酉年柱에 辛金을 酉에 12운성을 부치면 건록이 되니 劫財 辛金을 用神으로 잡은 것이라 하겠다.
인수격
壬 庚 己 癸
午 辰 未 酉
水 金 土 癸
火 土 土 酉

이 사주는 己土가 月天干에 透干되었으니 인수격이 되는데 용신은 時支 午火를 용신으로하니 격명, 인수를 합치면 印綬用官格이 된다.

식상격
辛 庚 壬 癸
巳 子 戌 巳
金 金 水 水
火 水 土 火

이 사주는 戌月에 金日柱이며 月支에 生을 받았으니 月令을 얻은 것이 되는데 戌에 辛丁戊가 年月日時 天干에 辛字가 있는데 比劫格은 안 쓴다 하니 버리고 가장 많은 五行을 정하니 식신상관격에 용신은 印綬가 되는 것이다.

상관격
戊 庚 癸 癸
寅 子 亥 亥
土 金 水 水
木 水 水 水

이 사주는 식신상관이 많으니 月支에 힘을 얻지 못하였으니 신상이 太過하다 亥암장 戊甲壬인데 月上에 癸水가 있으니 傷官格으로 하고 인수는 時干 戊土가 되어 土운을 만나면 발복하는 운이다.

상관격

丙 庚 癸 丁
戌 子 丑 亥
火 金 水 火
土 水 土 水 土

이 사주는 癸水가 格이 되지만 이름하기는 편관 정관이 다같이 있다고 해서 혼잡격으로 할 수있으나 첫째로 癸水가 透干되었기 때문에 傷官格이 되었다. 용신은 土金운을 만나면 좋을 것이다.

상관격

辛 庚 庚 辛
巳 子 子 卯
金 金 金 金
火 水 水 木

이 사주는 子月에 壬癸인데 天干에 壬癸가 없다. 水가 많으니 子月 그대로 傷官格으로 정하고 용신은 장간 巳에 있는것 戊土가 된다.

관살혼잡용관격
丙 辛 丁 癸
申 巳 巳 亥

이 사주는 辛金日柱에 巳月에 出生하여 왕상을 받지 못하였으나 丁癸申巳亥冲이 되어서 巳의 官星이 丙火를 낳았고 火가 많은 사주이다. 따지자면 正官格이 되지만 관살이 많으니 혼잡격이라고 이름하였고 용신은 土가 되는데 巳장간에 戊土가 된다.

정재용인격
庚 辛 甲 丁
寅 卯 辰 巳

이 사주는 寅卯辰 木局이 탄생하고 甲木이 투간하고 丁火 七살이 年上에 있으니 살이 太旺

하다. 格은 透干이 없으니 많은 五行은 木이 많은 사주이니 正財가 甲天干이 있어서 正財格이 되고 용신은 印綬가 되니 정재격에 용신은 印綬란 뜻이다.

格局에는 이름이 많은 것이므로 구태여 격국에 이름을 꼭 알고 운명 감정하는 것이 아니다. 格局을 몰라도 억부법만 확실히 알면 용신이 나오는 것이니 많은 연구하기 바란다.

인수用식상격
辛 辛 丙 戊
卯 丑 辰 申
金 金 火 土
木 土 土 金

이 사주는 身旺한 四柱로 印綬가 年上에 있어서 인수격이 되었는데 용신은 申辰合 水가 나와서 용신이 되어 즉 식상이 나와서 吉하게 되었다.

편재용인격
戊 辛 癸 壬
戌 巳 卯 子
土 金 水 水
土 火 木 水
帶 死 胞 生

이 사주는 辛日에 卯月 出生하였다. 투간된 甲乙은 없으며 月地支 그대로 편재격으로 보았고 용신은 土로 정한다.

인수용인격
甲 辛 己 甲
午 丑 巳 寅
木 金 土 木
火 土 火 木

이 사주는 辛日柱에 巳月 火旺節에 寅午火局이 나와서 관살이 태왕하다 인수격에 용신도 인수가 되는 사주이다.

종살격
甲 辛 丁 丁
午 巳 未 未
木 金 火 火
火 火 土 土

이 사주는 金日天干에 未月에 출생하였는데 巳午未火局에 火가 많은 사주이며 초년은 종살운을 만났어도 부모덕으로 잘 지냈으나 이후는 고생 많았다.

건록 用財格
己 辛 己 壬
亥 亥 酉 寅
土 金 土 水
水 水 金 木

이사주는 辛日柱에 酉月사주이다
月酉에 관이 해당하니 건록격이라.
하는데 水가 많으니 水를 설하는 木은 用神으로 잡은 것이다.

인수 用七殺格
戊 辛 庚 丁
子 卯 戌 卯
土 金 金 火
水 木 土 木

이 사주는 金日天干에 戌土月이니 왕상받은 사주이다. 戌土가 투간되었으니 인수격이 되었다. 용신은 丁火가 되니 편관이 되니 七殺인수라고 하고 火운이 좋게 된다는 뜻이다.

존록용정관격 尊祿用正官格
辛 辛 丙 庚
卯 酉 戌 午
金 金 火 金
木 金 土 火

이 사주는 月지장간은 투출되지 않았으며 月柱 地支가 건록이 되어 건록격이라 이름하였고 용신은 丙火로 하였다는 뜻이다.
신강사주이니 자연히 극하는 것이 用神이 되는 것이다.

칠살용인격
甲 辛 丁 甲
午 巳 丑 午
木 金 火 木
火 火 土 火

辛金日에 土왕절에 태어났다. 그러나 火가 (巳午국까지 되어) 많은 사주이다. 그러나 土殺이라하게 된 것이고 用神은 인수를 잡어야 土年月 日時가 되면 좋은 것이다.

편재용인 格
甲 壬 丙 己
辰 戌 寅 酉
木 水 火 土
土 土 木 金

壬日柱에 寅月에 출생하였는데 寅에 장간이 戊丙甲이되니 甲木이 日時天干에 투간되었고 丙火가 月柱에 투간하였다. 이럴때는 寅戌火局이 나오는 바람에 편재격이 되었고 인수 酉金이 용신된다는 뜻으로 이름한 것이다.

식신 用 편재격
辛 壬 丙 甲
丑 寅 寅 申
金 水 火 木
土 木 木 金

이사주는 壬日柱에 寅月生이다. 寅에 장간은 戊丙甲인데 甲木이 年天干에 있어서 食神格이 되었고 四柱에 추운 절기에 水日生이니 더운글자 火를 用神으로 정하니 丙火가 편재이니 用神으로 정한 것이다.

편재 用印格
乙 壬 辛 庚
巳 戌 巳 午
木 水 金 金
火 土 火 火

이 사주는 巳月에 壬水日生이다.
月支에 장간에 戊庚丙이 되는데 四柱天干에 투

간된 것이 없어서 月地火가 많으니 편재격 그 대로 한 것이고 신약한 사주이니 용신은 인수를 정한 것을 이름을 부친 것이다.

七殺 용인격
乙 壬 戊 癸
巳 戌 午 酉
木 水 土 水
火 土 火 金

이사주는 壬日柱에 午月에 出生하여서 月地支에 힘을 받지 못하였다. 午지장간에 丙己丁인데 天干에 없다. 다음 많은 것을 찾으니 月地上에 있는 土가 많은 것이니 戊土가 편관격이고 용신은 酉金인수가 된 것이다.

양인정재격
辛 壬 甲 辛
亥 子 午 亥

이 사주는 壬日 午月생인데 丙己丁이 투간되지 않았으며 日水와 午月은 상극이니 月支에 힘을 못 받았으나 金水가 많아 신왕한데 日支가 羊刃살이 되어서 格을 정하고 용신은 正財로 정하면 힘이 너무 빠지지 않으니 좋다고 본다.

식신용겁격
丙 壬 甲 丁
午 辰 辰 卯

이 사주는 壬水日에 辰月生이다. 土극水하여 왕상은 못 받고 극을 받았으니 아주 쇠약하다. 辰乙癸戊는 투간되지 않았는데 卯辰方合하면 木이 많은 사주이니 木格이 된 것이다. 용신은 金이 되겠으나 金이 四柱에 없으니 辰 장간에 癸水를 용신한 것이다.

인수용관격
庚 壬 己 壬
戌 申 酉 辰

壬日柱 酉月인데 酉에 庚辛이 암장되었는데 時天干이 庚金이 투간되어서 格局이 되는데 酉그대로 인수격이라 하였고 申酉戌方合이 있어서

신강한 사주이니 용신은 정관을 잡은 것이다.

인수용재격
乙 壬 癸 庚
巳 申 酉 申

이 사주는 壬水日이 酉月이다. 酉月 庚辛인데 암장된 庚金이 투간되어서 酉月 地支를 그대로 인수격이라 명칭하고 용신을 才가 木의 힘을 받아서 더 왕하니 才를 용신으로 정하고 이름 짓기를 인수격에 용신은 才로 한다는 뜻이다.

인수용 칠살격
己 壬 戊 辛
酉 申 戌 酉

이사주는 壬日 戌月生인데 戌에 장간에 辛丁戊가 들어 있는데 天干에 투간된 天干이 辛金이 되었으니 인수격이 되었고 申酉戌金局이 되어 金이 많아 신강되었으니 戊土를 용신하니 七殺用神이라 부른 것이다.

양인用편재격
庚 壬 庚 丙
子 辰 子 午

이 사주는 壬日 水日에 子月에 출생하여서 子에 壬癸가 장간인데 비겁은 보지 않으니 月支에 羊刃살이 되어서 羊刃格이 되며 용신은 편재가 되는 사주란 뜻으로 이름 부른 것이다. 용신이 식상도 되지만 火가 金을 극하면 생하는 오행이 없어지면 신강에 변화오기 때문이다.

羊人合殺格
庚 壬 甲 戊
子 子 子 戌

이 사주도 子月에 壬水인데 比劫은 格局이 없으니 月에 羊刃이 되니 羊刃格이 되며 용신은 편관이란 뜻이다. 年天干 年地支 모두 편관이다.

* 여자 가난한 사주
壬 壬 戊 戊
寅 午 午 辰
水 水 土 土
木 火 火 土

　　　　　　　　　대운
　　　　　　壬 癸 甲 乙 丙 丁
　　　　　　子 丑 寅 卯 辰 巳

이사주는 관성이 왕성하고 신약사주인데 壬水 日天干이 失令하고 사주에 재와 官이 태왕하며 신약하고 才弱이 되었다.
특히 時天干水만 없었다면 官이 많으니 종관격이 될수 있었으나 도우는 오행 水 하나가 있으니 오히려 없는것 만도 못하게 되었다. 용신은 金을 잡어야 하는데 지장간에도 없으니 水를 용신으로 잡으니 용신이 허약하게 되었다. 壬子 대운부터 자손이 잘 될 것이다.

* 남자 가난한 사주
丙 甲 甲 丙　　　　　　대운
寅 申 午 戌　　　　庚 己 戊 丁 丙 乙
　　　　　　　　　子 亥 戌 酉 申 未

이 사주는 才星이 合이 되며 他육신으로 변화되었다. 그러므로 돈이 변하니 돈이 없는 것이다. 戌才가 寅午戌 火局이 되었는데, 木은 食傷을 生하고 食傷이 너무 강한데 土가 설기당하는 金이 또 있으니 木은 힘이며 그림자까지 없어진 격이니 재산이 저축 될 수 있겠는가 그러니 才가 弱한 사주가 된 것이다.

* 장수하는 사주
五行이 모두 상생 유통되고 財와 官星이 왕성하면 장수 부귀 한다.

己 丁 甲 壬
酉 亥 辰 寅
土 火 木 水 (木)
金 水 土 木 (木)

오행이 모두 상생되었고, 才성이 生을 많이 받았고, 官星도 2개 있는데 金이 있어 生을 받았으니 財와 官星이 모두 왕성한 것이다. 年天干 壬水를 기초로 하여 水生木, 木生火, 火生土, 土生金 되는 式으로 사주 전체가 순환이 되며 유통되면 장수하고 재복도 있다.

* 부귀 장수하는 사주
丙 甲 癸 辛
寅 子 巳 丑
火 木 水 金
木 水 火 丑

대운
丙 丁 戊 己 庚 辛 壬
戌 亥 子 丑 寅 卯 辰

이사주는 丑土 才星에서부터 시작하여 食傷까지 상생 상극법으로 생극을 시키면 才를 목표로 해서 상생이 끊어지지 않는다. 그런데 巳丑이 三合이 되어 투합이 되니 合이 안 되는 것이 되며 오행이 변하지 않았다. 신왕 재왕한 사주니 장수하였고 재산도 거느리고 살게 된것이다.

* 단명하는 사주 (남자)
乙 癸 甲 癸
卯 巳 寅 卯
木 水 木 水
木 火 木 木

대운
丁 戊 己 庚 辛 壬 癸
未 申 酉 戌 亥 子 丑

단명하는 사주는 日柱가 弱하고 外格도 못되는 사주이다. 또는 各種악살이 많은 사주이다.

이 사주는 癸水日 天干에 食傷이 많아서 설기를 당하는 아주 약한 사주이다. 그런데 日柱地支에 庚金이 암장되기는 하였으나 巳火에 극을 당하고 巳도 또한 암장되었기에 金은 맥을 쓸 수 없게 되며 弱한 사주가 되었다. 대운 癸丑에 양인 백호 등 흉살이 작용하는 운에 죽었다.

* 단명하는 사주 (여자)

庚 甲 丁 丁
午 午 未 亥   대운 癸 壬 辛 庚 己 戊
　　　　　　　　　　丑 子 亥 戌 酉 申

金 木 火 火
火 火 土 水

이 사주는 亥水가 庚金을 설기 시키고 亥水는 未土와 합이되어 木局이 된것 같으나 午未합되니 投合되어 합局은 없으며 火식상이 태왕하여 日天干 甲木이 타 죽는 형국이다.

대운 庚金이 될 때 甲庚沖에 金剋木이 되니 정신병을 앓다가 己酉年에 병사한 사주이다.

* 심장병으로 단명한 남자
甲 丙 丁 壬
午 申 未 寅
木 火 火 水 (木)   대운 癸 壬 辛 庚 己 戊
火 金 土 木   丑 子 亥 戌 酉 申

사주에 희신이 그대로 있지 않고 다른 干支와 합이 되어 오행이 변화된 기신이 나와도 단명하는 사주가 되는데 丙火 日柱에 未月에 오행으로 火生土로 설기 되었고 丁壬合木하여 木기운이 많아 신왕하다 戌土운에 午戌火가 되는 바람에 火병 심장병으로 죽었다.

* 단명한 남자사주
壬 辛 辛 丁
辰 未 亥 亥   대운 乙 丙 丁 戊 己 庚
水 金 金 火   巳 午 未 申 酉 戌
土 土 水 水 (木)

이 사주는 辛金이 水왕절에 태어났으니 신약한 사주이다 용신은 인성이 土가 되는데 즉 日支 地支土가 용신이다. 未土는 첫水와 투합이 되고 그런데 未年을 만나면 짝을 이루어 未亥 未

- 290 -

亥 式이 된다. 未年은 未 두개가 푸라쓰 된다. 未年에 死亡 하였다.

四柱 年天干이나 年地支中 상관되면 단명하고 才星이 태왕하며 身弱사주인 사주도 단명하다.

※ 사망시기 보는 法
* 용신이 상극되는 대운 월운 일운 시운에 사망한다.
* 천간 한가지 오행으로 되어 있는 사주는 식상이 없거나 허약한 사주 일때 대운 재운에 죽는다.
* 신강재약 사주는 정재가 있으면 겁재운에 죽고 편재가 있으며 비견운에 사망하는 시기로 본다.
* 日天干이 태왕한 사주는 인성운에 사망한다.
* 구신 또는 기신이 생조하는 구신이 있으면 그 흉신이 생조하는 대운이나 세운중에 위험하다.
* 日干의 설기가 있는 지지 전부를 중화하고 사주 흐름이 막히거나 조화가 깨어질 때 죽는다.
* 사주 천간 地支 전부 충파시 사망 위험하다.

* 한습주후한 사주는 한습조후로 사주가 깨어질때 사망한다.

木日主 水月地支면 습기가 많은 水月이 되는데 이것이 한습조후하며 水月을 극하면 깨어지는 것이니 土운에 죽는다는 뜻이다.

1. (31才 사망자) 여자

己 乙 辛 戊
卯 卯 酉 辰   대운 乙 丙 丁 戊 己 庚
土 木 金 土   卯 辰 巳 午 未 申
木 木 金 土 (金)

이 사주는 木(乙) 일주인데 金旺節에 태어났다 그런데 土가 많아서 관왕한 사주이다.
신약사주이고 더욱이 四柱中 卯 酉沖이 있는데 또 乙 辛沖이 있고 乙 己沖도 되니 沖살이 너무 많다 그런데 대운 庚 申 己 未 戊 午대운중 戊土가 金을 生하니 官旺이 된 사주이다. 극히 관재구설이 심하여 형무소 생활도 하게 되었고 허약한 체질에 官殺이 태왕하여 말썽만 부렸는데 午대운 戊戌운이 金을 생조하니 金에 맞아 죽는 뜻이 되며 卯 戌合局 火가 되고 木의 기운이 의지할 곳이 없으니 재난을 당하다가 약 먹고 죽은 사주이다.

제 7장 육 신 통 변 법

(1) 식신 통변술

 운명 감정시 월 地支가 정재이면 정재격이라 하는데 또는 월支가 식신이면 식신격이라 하는데 감정할 때는 식신 그 자체를 하나의 목적으로 생각하고 통변하는 것이 원칙인데 그 목표물이 생을 받는가 극을 받는가의 생과 극으로 운명 감정하는 것이다. 만약 하나의 격이 성립되면 그 격을 목표로 하지 않고 다른 오행으로 생극을 찾는다는 것은 되지 않는 것이다. 남자나 여자나 하나의 격국이 정립되면 그 정립된 격으로 길흉 판단을 하는 것이다. 가령 하나의 격국이 성립되면 그 격국 밑에 12운성에 뿌리가 튼튼한지 죽었는지 (병, 사, 장, 포는 죽은 글자)를 감평 한다. 특히 육친 중에는 식신이 가장 중요시 하는데, 첫째 식신을 본다. 식신은 내 몸에 힘을 빼는 역할을 하는 신이 식신이다. 그러나 내 힘을 설기 시키는 역할을 하지만, 才성을 생하는 것이 식신이니 식신이 왕하면서 일주가 왕한 사람은 才福이 있는 것이다.
정재는 정상적인 돈이고 편재는 급히 왔다가 급히 나가는 돈이 된다. 그러나 편재가 있으면서 신왕한 사주라면 그 사람은 재산을 벌어서 가정을 일으키는 사주라 한다.
가령 乙日生은 辛金을 만난다면 편관칠살이 되는데 이때 己土를 만나면 재성이 된다.
才星이 火를 만나면 식신이 되는데 이럴때는 才와 官이 상극이 되며 나를 극하게 되니 나는 나쁜 것이다. 그러나 나를 도우는 오행이 있다면 무사할 것 아니겠는가?
사주에 식신이 많이 없고 하나만 있는데 비겁이 되는 오행이 3개정도 있다면 비겁에서 본다면 식신을 하나를 두고 3사람이 식록으로 싸우는 것이니 어찌 좋은 사주라 하겠는가?
식신격 사주에 편인이 있으면 가령 日은 木이며, 식신은 火인데, 편인은 水이니, 水火가 싸우는 형상이 된다. 이럴 때는, 편관이 되는, 金이 있어서 才星土를 火가 생할수 없게 한다면 才가 생을 받지 못하니 나쁜 사주라고 한다.

사주 생일 천간은 신왕 즉, 12운성에 왕 등이 붙었다면 신왕이 된다. 이때, 식신도 왕하면 좋은 사주이다. 이런 사주에, 才星이 있으면, 복록이 많은 사주가 된다.

식신격 사주에 인성이 있으면서 운로에서는 또 인수를 만나는 해는, 식신이 인수에 극을 받게 되니, 식신은 일이 꼬이고 잘 되지 않을 것은 사실 일것이다.

식신격이 才를 만나도 가난하게 되는 이유는 신약사주 일때이다.

식신격에 인수운을 만났는데도 아무 탈없이 지나가는 것은, 신왕한 사주 일때이다.

사주에 식신격인데 년 월 등에 才星이 있으면 재복이 있다. 그러나 비견, 겁재년 운을 만나는 해는 才를 극하니 나쁜 것이 겠으나 원래 내몸이 신강한 사람은 무사하게 넘어 갈수 있는 것이다.

식신격이 양인살이 있으면 질병이 떠나질 않는다. 그러나 空亡이 되면 무사하다.

식신격에 건록이 있는 사주는 福이 많아서 부자 사주이다. 천을귀인은 이름내는 것이지만 건록은 재산과 관계되는 것이다.

무슨 사주든지 형, 충, 해, 死 絶 등이 붙으면, 파란이 많은 사주라고 판단한다.

식신격에 식신이 많이 있는 사주는 그 많은 오행은 반듯이 상생 상극을 따라가니 극하는 오행 그 자식은 없든지 있어도 불구자가 되는 것이다.

편인 많든지 편인이 태왕할 때 식신격은 극많이 받아 맞아 죽는 형상이니 나뿐 것은 사실인데 무엇이 나뿐가는 하는 일이 안 된다는 뜻이다.

오행으로 식신에 대하여 본다면 木日生, 火식신은 학문이 깊으며 火日土 식신은 성격이 진실하며 金日生 水식신은 재주 있다. 土日生 金식신은 재복이 많으며 水日生 木식신은 문학에 발달되었다.

식신격에 식신이 왕성한 사주는 장수한다.

또는 才星이 사주에 있으면 부자 된다.

그러나 식신격에 왕성하고 才星이 있고 겁재나 편인이 있으면 재산도 없고 수명도 지장이 있다.

(2) 상관격 통변술

상관은 吉神이 아니고 凶神에 해당하지만 조화 생극에 따라서 달라진다.

사주자체에 月柱 地支가 상관이 되는것은 가장 나쁜 사주라고 하는 것이다. 그 이유는 月柱가 四柱의 강약을 만드는 장본인인데 月이 나쁜 육친이 앉아 있으니 나쁘다는 뜻이다.

상관은 나쁜 신이므로 극하는 오행이 있고 또는 상관을 설기하는 오행이 있어야 상관에 힘이 약하게 되어 큰일을 저지르지 못할 것이 아니겠는가 ?

상관을 극하는 오행은 인수인데 인수가 있어서 나를 생하고 상관을 극하면 나에게는 크게 길하게 되는 것이다.

사주가 약할 때는 인수를 좋아할 것이고 사주가 신강할 때는 才星을 좋아 하는 것이니 이것이 바로 세상 살아가는데 근본이 아니겠는가 ?

상관격에는 정관을 만나면 관을 극하는 오행이 되니 사주는 좋은 사주가 아니다. 상관격에 다른 기둥에 또 상관이 있다면 재주는 많다. 그러나 어리석다.

상관격인 사람은 재주는 많고 머리도 좋다.

상관격에 才星이 하나도 없다면 성공 못하고 평생 가난하게 살게 된다.
상관격에 편관은 남을 무시하는 사람이며 상관격에 양인이 있는 사람은 사기성이 많은 사람이다.
상관은 정관을 나쁘다고 보고 편관을 길하다고 본다.
상관에도 오행에 따라 다른 것이 있는데
水日 木 상관 정관이 있으면 수명이 짧다.
土日 金 상관은 생일이 왕하여야 한다.
木日 火 상관은 생일이 왕하여야 한다.
金日 水 상관은 관살이 많으면 나쁘다.
火日 土 상관은 성격을 죽여야 한다.
상관은 원래가 나쁜 강도 같은 나쁜 육신이기 때문에 상관이 왕하여 극하면 극받는 오행의 육친은 일찍 죽는다고 보는 것이다.
상관은 나에 힘을 빨아 먹는 거머리 같은 놈인데 상관이 많으면서 또 상관 운을 만났다면 거머리한테 죽는 것이 된다.
상관격에도 이름이 따로 있다 사주의 년주, 일주, 시주에 있는 상관은 가상관이라고 부른다.
생월 지지에 있는 상관은 眞상관이라고 부르는

데 진상관이 되는데 대운 세운에서 또 상관을 만날때는 생명이 위험하게 나쁘다.

여자는 상관격이면 나쁜 사주라고 본다.

상관격 사주의 여자가 사주에 상관이 또 있다면 그 남편이 살수가 있겠는가 ?

그러나 상관격에 상관이 또 있어도 才星이 있어서 상관을 설기 시키면 그남편은 오래 살고 남편 덕도 있다고 본다.

여자는 상관격에 또 상관이 있다면 그 여자는 화류계 승려 등으로 간다.

(3) 편재의 통변술

편재격이면 첫째로 내몸이 강해야 한다.

사주 편재격에 비겹이 있으면 반듯이 才星은 반듯이 피해를 당하게 되지만 官살이 있다면 비겹을 극하여 편재를 극하지 못하게 하니 얼마나 좋은 것인가 ?

편재성이 약하다면 도우는 식상이 있어야 편재성의 생명을 유지 할것이 아닌가.

그러나 비겹이 또 있다면 편재는 죽었다.

사주 천간 중에서 日柱 天干이 나에 몸인데 陰日 天干에, 편재 정재가 많아도 큰 탈은 없으나 陽日 天干은 편, 정재가 많다면 싸움이 벌어지니 남, 여의 구별과 같이 마음이 다른 것이다.
편재격이 되면 사람 됨됨이 인간미가 좋다.
편재 밑에 12운성으로 뿌리가 살아 있으면 부친에게 재산도움 등의 협조를 받는다.
그러나 편재성 밑에 空亡이나 沖, 破, 害가 되면 도움 받지 못한다.
四柱가 편재격이 아니더라도 편재가 많은 사주가 또 편재운을 만난다면 신약한 사주는 재산실패 크게 한다.
정재는 안정된 돈을 벌어놓은 돈이지만 편재는 앞으로 투기하여 벌어야 할 돈이기 때문에 신수 볼 때도 참고 하여야 한다.
신약 사주에 편재가 많은 사주는 평생 하는 일이 되는 일이 없을 것이다.
신왕하면서 편재가 많은 사주는 평생 재산이 있다.
신약 사주에 才星이 사주에 있으면서 비견 겁재운을 만나면 재산실패 하는 해이다.
편재와 정재격에는 차이점이 있다.
정재격은 신왕하여야 되지만 편재격에는 신약

하여도 된다. 반대로 신강이 지나치면 나쁜 사주가 된다.
편재격에는 비겁을 만나면 형제나 친우 사이에 손재 보게 되는 일이 발생한다.
편재격은 수명에도 장수하지만 진실한 사람이다.

(4) 정재격의 통변술

四柱 월지가 정재가 되고 신왕하면 재복 있다. 그와 반대로 월주지지가 인수가 되고 정재가 他 사주에 있으면 재복은 없다.
四柱 월지지가 辰 戌 丑 未월이면서 정재가 장간에 암장되어 있는 사주는 재복이 있는 사주라고 한다.
사주 월주 지지가 정재인데 천간에 정재가 없으면 재산이 있는데 월지 장간에 암장된 정재가 천간에 투간되지 않은 것을 말한 것이다.
사주일주 천간이나 地支가 他柱에 정재가 있으면서 合이 되어 새성의 오행이 나오면 횡재수도 있고 장가 두 번가는 사주도 된다.
정재가 合이 되어 정재가 나왔을 때이다.
정재격에서는 편인을 싫어한다. 이유는 재성은

인성을 극하기 때문이다.
月지지가 辰 戌 丑 未가 되고 장간에 정재가 암장된 사주라면 공망이 되지 말아야 한다.
공망이 되면 그 정재도 공망이 되어 재산복이 없어지는 것이다.
정재격이 되는 사람은 계산이 빠르고 똑똑한 사람이다. 그러나 정재성이 또 사주에 있으면 태과하다고 하며 태과하면 官성이 있어서 설기하는 오행이 있어야 중화가 된 것이다.
정재격에 편인이 있는 사주는 남자는 결혼을 늦게 하게 된다.
정재격에 정재가 많다면 반듯이 인수를 극하는 정재이니 가만히 둘 일이 아니고 극하니 어머니가 일찍 죽는다.
또 재운을 만날 때는 병으로 고생한다.
천간에는 정재가 없는데 辰 戌 丑 未月 장간에 정재가 있다면 처는 창고에 가 많이 있는 것이 되는데 刑, 沖이 辰 戌 丑 未가 된다면 그 처는 벼락 맞아 죽는 식으로 사망 할 것이다.
財격에 財성이 많은 사주는 官성이 있어서 중화시켜야 아무 탈이 없다.
사주에 才성이 있어도 비겁이 없든지 양인살등

이 없어야 만약에 양인살이 있든지 비겁이 많으면 가난 할수 밖에 없다. 才성이 사주에는 없는데 비겁이 많아도 재산은 가난하다.

정재성은 吉신에 해당하지만 才성이 2개 이상 있을때는 대운로에서 비겁운을 만나면 재산 실패 한다.

(5) 편관격 통변술

사주 일주가 약한 사람이 편관격이 되면 장수할 수가 없다. 그 이유는 나의 몸은 약하고 편관은 강한 오행이니 나를 극하니 배겨날 수 없는 것이다.

사주 월지가 편관이 되면서 他柱에 식신이 있는 것은 편관을 극해주니 좋은 사주이다.

편관을 극하는 오행이 식신이기 때문이다.

편관격은 똑똑하고 영리한 사람이다.

편관은 나를 극하는 살이다. 그러니 그살을 극하든지 설기하는 오행이 있어야 나를 극하지 못할 것이다.

편관격은 인자하고 성격은 급하지만 인내심이 많은 사람이라고 본다.

편관이라고 이름 붙인것은 천간의 순서 칠번째

글자와 관계가 되기 때문에 七살이라고 이름 붙인 것이다.

편관은 싫어하는 오행이 재성인데 그 이유는 才성은 편관을 생해주니 편관에 힘이 강해지면 나를 극하기 때문이다. 그러나 편관이 약할때는 才성이 있어야 吉하다고 보는 것이다.

감정법은 깊고 또 깊으다.

편관격에 정관이 또 있다면 이때 혼잡이라고 이름 부르는 것인데 편관은 약하고 日천간은 왕할때는 재성이 있으면 편관이 힘이 생기니 좋게 되는 것이다.

편관은 강직한 사람이고 正官은 순진한 사람이니 같이 있으면 성질이 맞지 않는 것은 당연하다.

편관이 왕할때는 沖 破 害 刑 등이 되면 파괴되는 살이므로 충살에 해당해도 무사하다.

사주 일주는 月地支의 생을 받아야 힘이 있는 것이고 월에서 극하면 월령을 얻지 못하였다고 보는데 월령을 얻은 일천간은 모든 살이 있어도 무방한 편이다.

천간으로 편관을 본다면

甲日生은 庚이 편관이며, 甲은 강한목이니 추

워도 뿌리가 다치지는 않는다.

乙日生 辛金은 편관인데, 또 金의 극을 받으면 완전히 죽는다.

丙日壬 편관은 丙火는 쨍쨍한 날씨이고, 壬水는 고인물인데, 水가 많으면 빛을 막을 것이다.

丁日癸 편관은 丁火는 많이 있는 불이며 물은 개울물이니 물이 흘러도 떠내려가지 않는다.

戊日甲 편관은 木극土하여 극하지만, 만약에 金이 많다면 木을 극하여, 목은 힘이 없어질 것이다.

己日乙 편관은 己土는 정원의 흙이니, 乙木도 집안에 木이니, 큰 피해를 끼치지 못한다.

庚日丙 편관은 강철의 금이다 그러나 빨리 소실 되지는 않을 것이다.

辛日丁 편관은 陰金이니 약한 금이고 火가 강하다면 녹일수 있을 것이다.

壬日편관은 물이 많으면 土가 도리어 풀어진다.

癸日己 편관은 잔잔한 물이니 흙이 와도 흡수는 될수 있으니 빨리 흙을 풀어 버리지는 못할 것이다.

편관격일때 식상이 있고 편인이 오면 편인은

식상을 극 할 것이고, 편관은 편인을 생할 것이며 편인은 나를 생하게 되지만 才星이 온다면 편인은 나를 생하지 못한다.

편관격에는 12운성에 뿌리가 튼튼하게 임했으면 편관 자체가 힘이 있는 것이 된다. 이때는 나를 극하는 힘이 강하여 죽는 운이 될수 있으나 내 자신이 왕 등 뿌리가 튼튼하다면 아무 염려가 없는 것이다. 편관이 사주 년에 있으면 조상덕 없고, 월주에 있으면 부모덕 없고, 日주에 있으면 부부덕 없고, 時柱에 있으면 자식덕 없다.

(6) 정관격의 통변술

정관은 신사적이고, 나쁜 오행은 상관이며 미워하는 것도 상관이다. 정관이 왕할때는 상관이 있어야 하지만 약할때는 싫어한다. 정관을 생하는 오행은 재성인데 월지지가 정관이 되면 그 형제중에 죽은 형제가 있다.

정관격은 아신을 극하는 신이지만 아신이 신왕하면 피해를 면한다. 그러나 신약한 사주라면 가차 없이 정관에 해를 당하여 형제중에 죽은 형제가 있다.

정관격이 되면서 사주 년 월주 중에 정관이 있으면 부자가 되는데 그 이유는 필히 타주에 재성이 있어서 중화가 될 것이기 때문이다.

관성은 편관과는 다른 신이다. 그러나 정관도 많든지 혼잡이 되면 천한 사주이고 나뿐 사주로 변동이 된다.

사주에 正官이 2,3개만 있어도 많은 것이요. 정관되는 오행을 생하는 오행이 많아도 관왕이라 하는데 관왕이나 관태과나 다 같은 말이 되며 단명하게 되는 것이다.

정관격에는 才도 있고 인성도 있으면 재성은 官을 생하고 인성은 나를 생하니 부자가 되는 것이다.

정관격에는 才星을 좋게 본다. 이유는 정관을 生하는 오행이 있기 때문이다.

사주 전체가 정관이요 재성이 많은 사주는 내가 힘이 없어 재성 관성을 모두 감당 못하니 모든 일이 실패이다.

정관이 하나밖에 없는데 재성은 2,3개 정도로 많다면 관이 너무 강하여서 나를 극해하니 나는 질병을 갖게 되며 병은 그 오행에 따라서 발생한다. 정관격이나 모든 격에는 건록이 있는 것은 무조건 좋은 사주라고 한다. 운세를 볼때 日천간으로 12운성 墓가 되는 年에는 죽는 운이다. 정관격에는 12운성에 뿌리가 없어야 병 사 장 포에 해당하며 근이 없으면 큰 힘을 쓰지 못한다.

정관격에 건록이나 천을귀인 등이 동주하면 관록으로 성공한다.

가장 쉬운 단어이다. 또는 도식을 효신살이라고도하는 것인데 효신살은 어릴때 어머니가 둘이 된다는 살이기도 하다.

편인격은 효신살이라고도 하니 그대로 어머니 둘 된다는 사주이다.

편인격은 수명과 연관되는 식신을 극시키는 힘을 가지고 있으니 편인이 많은 사주는 단명하다고 본다. 그러나 재성이 있어서 편인을 극하면 무사하다.

모든 육친법에서 他주와 合이 되며 오행이 다른 것이 나오면 편인격이라고 무탈한 사주라고 보는 것이다.

편인이나 모든 육친은 신왕이 된 후에 길흉판단이 되는데 특히 편인도 신왕만 되어도 너무 많은 것이 되어 문제가 발생하는 것이다.

신약사주일때, 편인격이 되면 편인이 형, 충 편관 등이 또 있는 사주는 재산이 있으면 단명하고, 재산이 없으면 장수한다.
편인격에 관심이 있으면 평생 되는 일 없고 실패가 연속 된다.
편인격에는 식신이 있으면 식신은 죽는다.
여자는 자식이 없든지 있어도 죽는다. 사주년에 편인은 외국생활 팔자이고, 월에 편인은 형제와 생사별수 있고 사주에 편인이 있으면 자손들이 죽든지 불구자가 된다. 편인이 사주와 合 局이 되어 오행이 변하면 무사하다.
사주 일주 편인이 되면 흉신살이다.
편인이 있어도 才星이 있으면 아무 탈없다.

(7) 편인격의 통변술
편인격에는 편인을 일명 도식이라고도 하는데 도식은 도적놈이란 뜻으로 생각하면 가장 쉬운 단어이다. 또는 도식을 효신살이라고 하는 것인데 효신살은 이럴때 어머니가 둘이 된다는 살이기도 하다.
편인격은 효신살이라고도 하니 그대로 어머니 둘 된다는 사주이다.

편인격은 수명과 연관되는 식신을 극 시키는 힘을 가지고 있으니 편인이 많은 사주는 단명하다고 본다. 그러나 재성이 있어서 편인을 극하면 무사하다.

모든 육친법에서 他柱와 合이 되어 오행이 다른 것이 나오면 편인격이라도 무탈한 사주라고 보는 것이다. 편인이나 모든 육친은 신왕이 된 후에 길흉판단이 되는데 특히 편인도 신왕만 되어도 너무 많은 것이 되어 문제가 발생하는 것이다. 신약 사주일때 편인격이 되면 편인이 형, 충, 편관 등이 또 있는 사주는 재산이 있으면 단명하고 재산이 없으면 장수한다.

편인격에 관살이 있으면 평생 되는 일 없고 실패가 연속된다.

편인격에는 식신이 있으면 식신은 죽는다.

여자는 자식이 없든지 있어도 죽는다.

사주년에 편인은 외국생활 팔자이고 월에 편인은 형제 생사별수 있고 시주에 편인이 있으면 자손들이 죽든지 불구자 된다. 편인이 타주와 合局이 되어 오행이 변하면 무사하다.

사주일주 편인이 되면 효신살이다.

편인이 있어도 才星이 있으면 아무 탈 없다.

(8) 인수격에 통변술

인수는 어머니이며 학문이다.

인수격이 되는 사람은 학문과 인연이 있는 사주라고 한다. 인수격에는 정재가 인수를 극하는데, 관살은 인수를 생하는 희신이 된다.

그러니 관살이 있으면 좋은 사주이다.

그러나 인수가 많을 때 관살이 있으면 나쁜 사주이다. 인수는 착하고 순진하고 인자하다. 인수격에 신왕이 되면 모든 사람의 웃 사람이 될 능력 있는 사람이라고 한다. 인수는 12운성에 뿌리가 살았어야지 인수의 역할을 할 수 있다.

뿌리는 병 사 장 포는 뿌리가 없고 생, 욕, 대, 관, 왕, 쇠, 태, 양은 모두 다 뿌리가 있는 것으로 보라.

사주 월주가 인수가 되면 吉하다. 그러나 충파살에 해당하면 그 인수는 힘 없는 것으로 간주한다.

인수격에 건록이 있는 사주는 종교계통, 철학계통으로 성공도 한다. 인수격은 자동으로 신왕이 된 것이니 특별한 탈이 없을 것이다. 아무리 인수격이 좋은 격이라고 하더라도 사주극

생의 조화로 관계되는 것을 참고 하여야 한다.
인수격에는 才성을 가장 나쁘게 보는데 인수격에 才성이 되는 오행이 2개이상 있다면, 인수가 반대로 극을 받아 피해를 당하게 된다.
인수는 장수하는 신이라고 하지만 충 파 공망 등의 신살을 당하지 않고 생극을 적당히 받았을때 좋은 사주라고 한다.
인수격에 인수가 많은 사주는 才성이 있어서 극해주면 무사하다. 그러나 才년을 만나면 그해 돈 들어 온다.
인수는 어머니가 되니 어머니 되는 인수 밑에 뿌리가 튼튼하면 나를 도와줄 것이고 병 사 장 포들이 붙었다면 뿌리 없는 어머니는 나를 도울수 없는 것이다. 사주 운명 감정할 때 年주는 사회이고, 월주는 부모형제이고, 日주는 부부이고, 시주는 자녀인데 시주에 인수가 있다면 인수는 어머니이며 식신을 극하는 신이니 그 식신이 어찌 나를 도울수 있겠는가 이런 식으로 연구하면 사주 통변술은 통달할수있게 될 것이다. 모든 공부는 물미가 터져야 되고 이해가 되어야 성공하니 우리 사는 생활을 참고하여 주기 바란다.

제 8장 各種 外格의 조직법

(1) 식신격(食神格) 조직법
1)

生日	甲	癸	丙	丁	乙	庚	乙	壬	己
生日	寅	辰	巳	午	未	申	戌	亥	丑
透干	丙	乙	戊	己	丁	壬	丁	甲	辛

2)

生日	壬	癸	丙	甲	乙	丁	戊	己	丙	庚	辛	丁
生月	寅	卯	辰	巳	午	未	申	酉	戌	亥	子	丑
透干	甲	乙	戊	丙	丁	己	庚	辛	戊	壬	癸	己

3)

生日	丙	辛	戊	癸	丙	己	丙	辛
生日	寅	辰	巳	未	申	戌	亥	丑
生時	戊	癸	庚	乙	戊	辛	戊	癸

식신은 왕하여야 좋다. 어떤것이든 간에 日天干이 왕하고 나서 식신이 왕하면 大吉格이다. 신약한데 식신만 왕하면 내힘을 빼앗기게되니 나의 운명은 약하게 되는 것이다.

(2) 상관격(傷官格) 조직법
1)

生日	癸	壬	丁	乙	甲	丙	己	戊	丁	辛	庚	丙
生日	寅	卯	辰	巳	午	未	申	酉	戌	亥	子	丑
透干	甲	乙	戊	丙	丁	己	庚	辛	戊	壬	癸	己

2)

生日	乙	壬	丁	丙	甲	辛	甲	癸	戊
生日	寅	辰	巳	午	未	申	戌	亥	丑
透干	丙	乙	戊	己	丁	壬	丁	甲	辛

3)

生日	丁	庚	己	壬	丁	戊	丁	庚
生日	寅	辰	巳	未	申	戌	亥	丑
透干	戊	癸	庚	乙	戊	辛	戊	癸

4)

生日	甲	乙	丙	丁	戊	己	庚	辛	壬	癸
地支	午	巳	丑未	辰戌	酉	申	子	亥	卯	寅
中						（月柱地支를 말함）				

이상의 상관격은 甲이 午를 보면 傷官이 되는데 午에 体는 丁이기 때문에 傷官이 되고 乙에 巳도 巳장간에 丙이 体이기 때문이니 用과 体는 다른 것이니 착오 없기 바란다.

(3) 진상관격(眞傷官格) 조직법

生日	甲乙	丙丁	戊己	庚申	壬癸
生月	巳午未	辰戌丑未	申酉戌	亥子丑	寅卯辰
透干	丙丁	戊己	庚辛	壬癸	甲乙

(4) 가상관격(假傷官格) 조직법

生日	甲乙	丙丁	戊己	庚辛	壬癸
生月	亥子丑 寅卯辰	寅卯辰 巳午未	巳午未 辰戌丑	辰丑未 申酉戌	申酉戌 亥子丑
透干	丙丁	戊己	庚辛	壬癸	甲乙

진상관과 가상관격은 투간되지 않아도 地支만 가지고도 구성 될수 있으며 月슈이 아니

고도 비겁 인수 태왕으로 상관이 가상관격이 되는 수 있으며 상관이 왕하게 되면 官운이 성공 할수 없다는 것을 연구 하기 바란다.

(5) 잡기 재관격(雜氣財官格) 조직법

生月	辰	戌	丑	未	辰	戌	丑	未	辰	戌	丑	未
生日	甲乙	甲乙	甲乙	甲乙	戊己	壬癸	丙丁	壬癸	庚辛	丙丁	戊己	庚辛
透干	戊	戊	己	己	癸	丁	辛	丁	乙	辛	癸	乙

본도표 보는 法은 자기 日天干이 甲이면서 月地支가 辰月이 되면서 天干에 透干된 戊字가 있으면 잡기 재관격이 되는 것이다. 신왕한 사주면 좋은 사주이다. 月地支를 刑沖 시켜 개운시키면 재복이 많다.

잡기 인수격(雜氣印綬格) 조직법

生月	辰	戌	丑	未	辰	戌	丑	未	辰	戌	丑	未
生日	庚辛	庚辛	庚辛	庚辛	甲乙	戊己	壬癸	戊己	丙丁	壬癸	甲乙	丙丁
透干	戊	戊	己	己	癸	丁	辛	丁	乙	辛	癸	乙

본 도표 보는 法도 上과 同一함

잡기 관격(雜氣官格) 조직법

生月	辰	戌	丑	未	辰	戌	丑	未	辰	戌	丑	未
生日	壬癸	壬癸	壬癸	壬癸	丙丁	庚辛	甲乙	庚辛	戊己	甲乙	丙丁	戊己
透干	戊	戊	戊	戊	癸	丁	辛	丁	乙	辛	癸	乙

(6) 잡기 상관격(雜氣傷官格) 조 직 법

生月	辰	戌	丑	未	辰	戌	丑	未	辰	戌	丑	未
生日	丙丁	丙丁	丙丁	丙丁	庚辛	甲乙	戊己	甲乙	壬癸	戊己	庚辛	壬癸
透干	戊	戊	己	己	癸	丁	辛	丁	乙	辛	癸	乙

관성이 투출하면 귀를 누리며 才가 투간 되면 재산을 거느린다는 격이다.

시상 편재격(時上 編財格) 조 직 법

生日	甲	乙	丙	丁	戊	己	庚	辛	壬	癸
生時	庚辰	己卯	庚寅	辛亥	壬戌	癸酉	甲申	乙未	丙辛	丁巳

生日	甲	乙	丙	丁	戊	己	庚	辛	壬	癸
生時	辰巳	丑未午	巳午申	丑酉戌	亥子申	子辰丑	寅申亥	卯未辰	寅巳	午未戌

신왕 재왕하면 좋으나 그렇지 않으면 나뿐 사주이다. 沖破만난 재도 나뿐 재이다.

양인격(羊刃格)조직법

生日	甲	丙	戊	庚	壬
生月	卯	午	午	酉	子
生日	乙	丁	己	辛	癸

生日羊刃	丙午	戊午	壬子	

양인살이 있어도 흉하지만 않고 신약한 사주는 日柱를 도와주니 吉하다. 문제는 他柱 또 있을때 나쁘고 官이 또 있을때 나뿐 역할하며 官살 羊刃과 합이 되면 좋다.

귀록격(歸祿格) 조직법

日辰	甲	乙	丙	丁	戊	己	庚	辛	壬	癸
日時支	寅	卯	巳	午	巳	午	申	酉	亥	子

乙日의 卯時는 己卯시가 되며 時上 편재격이며 丙日의 巳時는 癸巳時가 되어 時上 상관격이 된다.

辛日 酉時는 時上 一位格이 되어서 眞 귀록격에 해당하지 않다는 설도 있으니 유념하기 바란다.

이 격은 冲 破가 없으면 평생 잘산다.

금신격(金神格) 조직법

生 日	生 時	生 時
甲日 金神格	乙 丑 時	己巳時, 癸酉時
乙日 金神格	丁 丑 時	辛巳時, 乙酉時

육을 납귀격 (六乙納貴格) 조직법
(한문참조할것)

日 時	眞 三 日	不 眞 三 日
日 柱	乙亥, 乙未, 乙巳日	乙丑. 乙酉, 乙卯日
時 間	丙子時	丙子時

위 도표에서 여섯 을일생 인이 병자시 출생하고 사주에 관살이 또 나타나 있으면 충파가 되어야 한다.

乙亥, 乙未, 乙巳日은 眞三日라 하는데 祿馬에 해당하게 되어 이름이 널리 난다.

육음조양격(六陰朝陽格) 조직법

日時	眞三格			不眞三格		
生日	辛亥	辛酉	辛丑	辛巳	辛未	辛卯
生時	戊子	戊子	戊子	戊子	戊子	戊子

辛日生 戊子時에 出生하고 他柱에 또 子가 有하면 나뿌지만 子가 없으면 좋은 사주 이다.
이 사주는 酉方 金운을 만나는 대운에 좋은 운으로 본다.

임기 용배격(壬騎龍背格) 조직법

日辰	貴格年月時中에서	富格年月時중에서
壬辰	多逢辰字	多逢寅字

壬辰 日柱生은 임기용배격이라 하는데 寅字나 辰字가 사주에 많으면 크게 成功하게 된다. 가장 나뿐 것은 官星이 사주에 있으면 파격이 되며 수명도 지장 있으나 형벌 및 재산 실패등이 온다.

재관 쌍미격(財官雙美格) 조직법

日柱	喜	忌
壬午	秋月冬生은 身旺	春夏月生戊空亡傷官
癸巳	秋冬月生은 身旺	春夏月生己空亡傷官

壬日生이 亥月에 出生하고 身旺하면 좋으며 봄에 태어난 것은 나쁘고 身弱하여도 나쁘다.

정란우격(井欄又格) 조직법

日辰	庚申日, 庚子日, 庚辰日	四柱中	申子辰

庚申日柱 四柱에 申子辰 三字가 있는 것이며 하나만 빠져도 이격은 아니다. 가령 月地가 子가 되면 午대운을 만나면 官災가 침범한다.

구진득위격(句陣得位格) 조직법

日 柱	日 地에 있는 것
戊寅日　戊辰日	寅　卯　辰
戊子日　己卯日	申　子　辰
己亥日　己未日	亥　卯　未

戊寅日生이 四柱 內에 寅 卯 辰이 있으면 구진득위격인데 크게 관직도 얻고 성공도 하는 격이다.

복덕격(福德格) 조직법

日 柱	四 柱 中
乙巳, 乙酉	巳　酉　丑
丁巳, 丁酉	巳　酉　丑
辛巳, 辛酉	巳　酉　丑
癸巳, 癸酉	巳　酉　丑
乙 丑 日	巳　酉　丑
丁 丑 日	巳　酉　丑
辛 丑 日	巳　酉　丑
癸 丑 日	巳　酉　丑

乙丑日生이 四柱 內에 巳 酉 丑이 모두 있을때 인데 실패가 많다. 단 辛日生만 특별히 좋은 사주이다.

기명 종재격(棄命從財格) 조 직 법

日 柱	日 柱	地 支	要 件
甲乙日生	戊或己土	辰戌丑未	日柱無根財旺
丙丁日生	庚或辛金	巳酉丑申酉戌	//
戊己日生	壬或癸水	申子辰巳酉丑	//
庚辛日生	甲或乙木	亥卯未寅卯辰	//
壬癸日生	丙或丁水	寅午戌巳午未	//

甲乙日生이 天干에 戊字나 己字가 있는데 辰戌丑未가 地支에 모두 있는것을 말하며 이격은 日柱旺하면 좋은 격이나 日柱가 弱하면 나뿐격 이다.

시상일위귀격(時上一位貴格)조직법(12)

(1)

生日	甲	乙	丙	丁	戊	己	庚	辛	壬	癸
生時	庚午	辛巳	壬辰	癸卯	甲寅	乙亥	乙丑	丙戌	丙子	丁酉	戊申	己未

(2)

生日	戊	己	壬	庚	辛	癸	甲	乙	壬	丙	丁	癸丑	
生時	寅	卯	辰	巳	午	未	申	酉	戌	亥	子	丑	암장 활용

(3)

生日	庚	己	壬	癸	辛	丙	辛	戊	丁	
生時	寅	辰	巳	午	未	申	戌	亥	丑	암록 활용

여기에 없는 것 卯酉子는 各地支간에 암장이 하나밖에 없기 때문에 제3표에는 없는 것이다.

生日	丁	甲	己	乙	乙	
生時	辰	巳	未	戌	丑	암장 이용

여기에 없는 寅戌는 작용력이 없으며 卯는 암장에 하나밖에 없으며 午는 암장에 둘밖에 없으므로 3도표에서 없으며 申에 戌는 작용력이 없으며 酉도 하나밖에 없으며 亥는 戌土가 작용력이 없으며 子도 하나밖에 없는 암장이며 그런 관계로 寅 卯 子 午 酉 申는 도표에 없는 것이다.

보는 법은 丁日生 이 辰이 시간이 될 때 일위 귀격이 되는 것이며 사주가 적당히 중화가 되었다면 부귀 공명 한다.

년시상관성격(年時上官星格) 조직법

(1)

生日	甲	乙	丙	丁	戊	己	庚	辛	壬	癸
生時	辛	庚	癸	壬	乙	甲	丁	丙	己	戊

生日	甲	乙	丙	丁	戊	己	庚	辛	壬	癸
生時	酉丑	申	子丑	申亥	卯	寅亥	午未	寅巳	午未丑	암장작용

사주 年上에 또는 時上에 官星이 있는 것을 말하는데 또 他柱에 官星이 있어도 나쁘지만 官星이 있어 격이 되는데 그 格되는 官星이 沖破를 만나면 나쁜 사주로 보고 年上에 官星이 있는 것을 세덕(歲德)이라 말하는데 身旺 한다든지 官星을 生하는 才가 있으면 부귀 영화 하지만 또 官星을 만나는 일이 있으면 나쁘다.

인수격(印綬格) 조직법

(1)

生日	丙丁	丙丁	庚辛	戊己	戊己	庚辛	壬癸	壬癸	庚辛	甲乙	甲乙	庚辛
生月	寅	卯	辰	巳	午	未	申	酉	戌	亥	子	丑
透干	甲	乙	戊	丙	丁	己	庚	辛	戊	壬	癸	己

生日	戊己	庚辛	壬癸	庚	戊己	甲乙		庚辛	丙丁
生月	寅	辰	巳	午	未	申	酉	戌	亥
透干	丙	戊	庚	己	丁	壬		戊	甲

(2)

生日	庚辛	丙丁	庚辛	庚辛	庚辛	戊己	庚辛
生月	寅	辰	巳	未	申	戌	亥
透干	戊	乙	戊	己	戊	丁	戊

생월에서 인수가 되면 官星이 기쁘게 되어 官祿을 먹게 된다는 格이다. 四柱에 官星이 없는 사주도 官星大運歲운 등에서 크게 발복한다. 인수격에는 才星이 있어도 인수를 극제하며 12운성에 死絶 등의 뿌리가 없어도 힘없다. 또는 冲破가 안되어도 크게 성공하고 관직으로 있으면 상관이 용신이 된다.

래구공재격(來丘拱財格) 조직법

日時	來拱	喜	忌
癸酉日 癸亥時	戌中丁火	신왕일때 日支와 生合	有戌己卯巳
甲寅日 甲子時	丑中己土	〃	有丑申午庚
己卯日 己巳時	辰中癸水	〃	有辰酉亥乙
庚午日 甲申時	未中乙木	〃	有未子寅丙庚

같은 天干과 地支는 沖이 되면 파격이 되며 戌中丁이 있어 또는 丁癸沖이 되는 卯字가 忌하는 글자인데 四柱에 있다면 파격이 된다는 뜻이다.

일귀격(日貴格) 조직법

日辰	區分	日辰	區分
癸卯日	생일로 귀격	丁酉日	생일로 귀격
癸巳日	생일로 귀격	丁亥日	생일로 귀격

천간귀인이 日 地支와 같이 있는 것을 말하는데 丁日에 貴人의 地支는 酉와 亥가 되나 空亡이 되면 귀인이 아니고 불행하다. 沖 刑이 없어야 된다. 貴가 沖空 안되면 고관팔자이다.

일덕격(日德格) 조직법

日辰	喜	忌
甲寅日	身旺, 重逢日 不官才	刑沖破亥庚辰才官
丙辰日	〃	〃
戊辰日	〃	〃
庚辰日	〃	〃
壬戌日	〃	〃

甲寅日 丙辰日生은 日德格이라 하는데 좋은 사주인데 刑 沖 破 害가 없고 괴강日 官星과 財星이 없어야 좋다는 뜻이다. 있으면 每事失敗가 많다.

괴강격(魁罡格) 조직법

庚辰日 庚戌日 壬辰日 壬戌日은 괴강격이다.

사주에 괴강이 또 있는 것은 좋으며 나쁜 것은 沖이 되든지 才星이나 官星이 있는 것을 나쁘다고 하는데 事業 부진의 운이라 본다.

시묘격(時墓格) 조직법

生日	甲乙日	丙丁日	戊己日	庚辛日	壬癸日
自身庫	未	戌	辰	丑	辰
才庫	辰	丑	辰	未	戌
官庫	丑	辰	未	戌	辰
印綬庫	辰	未	戌	辰	丑
食神庫	戌	辰	丑	辰	未

이런 고장에 든 사람은 沖 刑이 되는 年에는 開庫가 되면 재산이 들어온다.

형합격(刑合格) 조직법

區分	眞 格			非 眞 格		
日生	癸酉	癸亥	癸卯	癸巳	癸未	癸丑
時間	甲寅	甲寅	甲寅	甲寅	甲寅	甲寅

日干이 癸이며 四柱 地支에 寅이 있는 것을 형합격이라 하는데 酒色으로 몸이 상하는 격이다. 만약 양인살과 七살이 같이 있으면 객사한다. 月令에 亥子月이고 癸日 寅時는 가상관이 비진격이 된다.

육갑추건격(六甲趨乾格) 조직법

日時	구 성 요 건					
生日	甲子	甲戌	甲申	甲午	甲辰	甲午
生時	乙亥	乙亥	乙亥	乙亥	乙亥	乙亥

甲日生人이 乙亥時를 타고 나면 육갑추건격이 되는데 이 사주는 세운에서 才나 官을 만나면 추건이 되면서 亥 子 인수를 극하게 되어 관재나 사고 등을 당한다. 인수 국이 될 정도로 국이 되면 크게 출세도 한다.

육임추간격(六壬趨艮格) 조직법

日辰	壬申	壬午	壬辰	壬寅	壬子	壬戌
時間	壬寅	壬寅	壬寅	壬寅	壬寅	壬寅

壬日生이 寅時에 出生하면 귀격인데 이름은 육임추간격이라 한다. 복록이 많은 격이다. 주의는 刑 破가 없어야 되고 대운 세운에서도 沖破 될 때는 재산 실패한다.

합록격(合綠格) 조직법

區分	戊日 合綠格						癸日 合綠格					
日辰	戊辰	戊寅	戊子	戊戌	戊申	戊午	癸酉	癸未	癸巳	癸卯	癸丑	癸亥
時間	庚申	庚申	庚申	庚申	庚申	庚申	庚申	庚申	庚申	庚申	庚申	庚申

戊日 出生者가 庚申時 出生하면 합록격인데 官印이 없고 秋冬에 出生한 사람은 성공하는 격이다.

전재격(專財格) 조직법

生日	甲乙日	丙丁日	戊己日	庚辛日	壬癸日
時間	辰戌丑未巳	申酉	亥子	寅卯	巳午

甲日生 辰時 戌時가 되면 전재격이 되며 신약하면 成功 不吉하다.

정도비천록마격(正倒飛天綠馬格) 조직법

日柱 喜忌	喜	忌	分 類
壬子日	多逢子 寅戌未中/字	午戌己丑	비천록마
庚子日	〃	〃	〃
辛亥日	多逢亥 申酉丑中/字	巳丙丁戌	〃
癸亥日	〃	巳戌己戊	〃
丙午日	多逢亥午	子未	到沖綠馬
丁巳日	〃巳	亥辰申	〃

비천록마는 各 地支마다 地支 合이 四柱에 있는 것을 가장 싫어하고 四柱 內에 壬子 日柱는 寅戌未는 어느 것이 있어도 좋은데 午己丑戊字가 있는 것을 싫어하고 사주가 나쁜 사주가 되는 것이다.

공록공귀격(供祿供貴格) 조직법

日 柱	供祿格	日 柱	供祿格
癸亥 日	癸丑 時	甲申 日	甲戌 時
癸丑 日	癸亥 時	戊申 日	戊午 時
丁巳 日	丁未 時	甲寅 日	甲子 時
己未 日	己巳 時	乙未 日	乙酉 時
戊辰 日	戊午 時	辛丑 日	辛卯 時

癸亥日生이 癸丑時가 되는 것을 말하는데 재왕

(월령을 말함)에 신왕이 되어도 月令에 官星이 있으면 이격이 아니며 특이한 격국인데 이격은 관직에 장관이 되는 격이다. 이격에는 羊刃이 있어도 破格이 되어 뜻을 이루지 못하는 격이다. 신왕이면 식신 용신이고 財星과 印星이 같이 있으면 성공할 것이다.

정재격(正財格)조직법

(1)

生日	辛	庚	乙	癸	壬	甲	丁	丙	乙	己	戊	甲
生月	寅	卯	辰	巳	午	未	申	酉	戌	亥	子	丑
透干	甲	乙	戊	丙	丁	己	庚	辛	戊	壬	癸	己

生日	癸	庚	丁	甲	庚	己	壬	己	丙
生月	寅	辰	巳	午	未	申	戌	亥	丑
透干	丙	乙	庚	己	乙	壬	丁	壬	辛

(2)

生日	乙	戊	乙	壬	乙	丙	乙	戊
生月	寅	辰	巳	未	申	戌	亥	丑
透干	戊	癸	戊	丁				

정재격은 月支장간으로 보는 것인데 冲 破가

없으면 官을 생하는 것이 되어 크게 재물을 갖고 살지만 재가 많아도 日柱가 약하면 가난하게 산다. 才星이 空亡 되면 무사 못한 사주라 하겠다.

편재격(偏財格) 조직법

(1)

生日	庚	辛	甲	辛	癸	乙	丙	丁	甲	甲	戊	乙
生月	寅	卯	辰	巳	午	未	申	酉	戌	亥	子	丑
透干	甲	乙	戊	丙	丁	己	庚	辛	戊	戊	壬	己

(2)

生日	壬	辛	丙	乙	辛	戊	癸	庚	丁
生月	寅	辰	巳	午	未	申	戌	亥	丑
透干	丙	乙	庚	己	乙	壬	丁	甲	辛

암장활용

生日	甲	己	甲	癸	甲	丁	甲	己
生月	寅	辰	巳	未	申	戌	亥	丑
透干	戊	癸	戊	丁	戊	辛	戊	癸

신왕의 편재격은 복록이 많은 사주이나 양인

이 있든지 비겁이 있으면 사주가 나쁜 사주가 된다. 신약 재왕이 되면 매사가 헛일들이다.

제 9장 일 주 비 법

四柱 日柱로 보는 秘法

@ 甲子日에 出生한 사람
 日柱가 편인이 되는 것은 배모살 이라고 하는데 배모살은 어머니가 둘 된다는 살이지만, 사실은 자식을 극하는 살이 되니 무자하든지 유산 등의 일이 있다. 이유는 편인은 식상을 극하기 때문이다.
* 냉철하고 문장력이 좋다. 자기가 하고져 하는 일은 꼭 하는 사람이다.
* 남자는 어머니와 妻와의 사이가 나빠서 신경을 쓴다.
* 여자는 자식이나 낙태로 고생하고 수족에 병이나 냉병에 고생한다.
@ 乙丑日生은 꾸준히 저축하여 재산가가 된다.
 사람은 좋으나 박력이 없고 공처가이다.
 여자는 생사이별의 운이 있다.
* 乙丑日柱의 건강은 간병, 중풍, 위장병, 탕화살이 있어서 화상 동상 주의하라.
@ 丙寅日生은 학당귀인이 되는데 12운성에 왕

이 되고 학당귀인이면 교육자로 대길하고 ,四柱中 凶이 있어서 凶을 제거하는 것도 귀인이다. 甲日은 亥, 乙日은 午, 丙戌은 寅, 丁己는 酉, 庚은 巳, 辛은 子, 壬은 申, 癸는 卯가 있으면 귀인이다.

日柱가 편인, 인수가 되면 효신살이 되어 어머니와 이별할 팔자이다. 집안에 올빼미와 , 부엉이 그림을 걸어두면 모친이 아프다고 한다.

* 학교 졸업하고 어학에 소질이 있다.
* 인덕이 없고 자수성가 형이다.
* 남녀 다 같이 부부 인연은 없으나 그대로 산다.

@ 丁卯日生은 태극귀인에 해당하며 꾸준한 성품이다.

* 속히 성공하는 형이다.
* 日柱가 효신이 되면 中年 이후는 인연이 바뀌여 진다.
* 인정은 많으나 다혈질적인 사람이다.

@ 戊辰日生은 백호, 괘강이 같이 되는데 속히 성공하여 남에게 부러움을 사기도 한다.

* 마음이 꽁하는 성품이다.
* 처 생사이별 하든지, 처가 병이 있다.

* 여자는 才와 官이 辰에 암장되어 白虎가 되었으니 남편이 잘되면 남편이 죽는다.
남편이 무능하면 남편은 무사하다.
@ 己巳日柱는 金神에 해당하는데 사법관, 군인으로 성공한다. 己巳日生은 陰양인이 있는 살이며 남에게 칼을 맞든지, 음해를 당하는 운이니 주의하라.
* 음 羊刃살은 인수가 되는데 陰羊刃살이 있는 사람은 너무 앞,뒤를 재는 성격이다.
* 횡액주의하고, 부부간 인연도 주의하라.
* 여자는 몸이 항상 아프고, 다치기 쉬우니 조심하라.
* 庚日生은 복성귀인이 있는데 복성귀인은 甲寅, 乙丑, 丙子, 丁酉, 戊申, 己未, 庚午, 辛巳 壬辰, 癸卯를 말하는데 수명은 길고 복 많은 살성인데 時地가 되면 長壽 부귀하며 일주도 귀인이 된다.
* 午中에 조토(燥土)는 金을 生하는 것인데 학문이 중단되기 쉽다.
@ 日柱 庚午日柱는 여자로 인해 사건이 있다.
* 여자는 沐浴살과 官殺혼잡이 되면 연하의 남자와 인연을 갖는다.

@辛未日生은 재고귀인이 있는 사주이다. 재고귀인은 甲辰, 丙戌, 丁丑, 戊戌, 己丑, 壬戌日生을 말하며 창고에 才産을 저축한다는 부자의 吉神으로 된 것인데 조후용신에 도움도 있다.

※ 남연살(男戀殺)은 甲寅, 甲申, 丁丑, 己丑 戊申, 辛未, 壬寅, 癸未日이 되는 남자, 애인이 있다.

* 문곡귀인이 되는데 예능계 成功 한다.
* 妻는 질병이 있고 未에 才와 官이 같이 있어서 혼인 전에 得子할 팔자이다.
* 상부하고 재혼할 팔자이고 남편 몰래 바람 피운다.

@ 壬申日生은 申年에 수술할 팔자이다.
  五行 배속된 해당 부위 환부, 폐나, 대장으로 수술한다.

@ 癸酉日生은 효신살인데 甲子, 乙亥, 丙寅 丁卯, 戊午, 己巳, 庚辰, 庚戌, 辛未, 辛丑 壬申, 癸酉 日辰이 되는 것이 효신살이며 어머니 죽는 日辰이다. 이 살이 있으면 고독한 운명이다.

* 첫사랑 때문에 고민 많이 한다.

* 壬申, 癸酉는 납음오행으로 검봉 金이 되는데 자궁 질환이 있어 남아를 두기 어렵다.

@ 甲戌일 되는 사람은 甲, 申, 卯, 午, 辛 다섯 글자는 현침살이라 하는데 이 살은 총칼에 맞는 살이며 의류 제조, 미용사 등에 맞는 직업이다.

* 남자는 자손 근심, 여자는 남자 근심을 갖는다.
* 장모를 봉양할 운이고 처병 신앙 문제로 고민한다.
* 결혼전 임신할 운이고, 여자가 돈 벌어 남편을 살리는 여자라고 본다.

@ 乙亥日생은 효신살이다.

* 四柱에 乙, 己, 巳, 丑. 네 글자는 곡각살 이라 하는데 수족에 병이 오든지 잘라내는 등의 살이다. 외국과 인연이 있다.
* 妻德은 있으나 고부지간 불화 있다.
* 부부 인연이 약하고 자손이 귀하다.

@ 丙子日生은 복성귀인이라 하는데 복성귀인은 甲寅, 乙丑, 丙子, 丁酉, 戊申, 己未, 庚午 辛巳, 壬辰, 癸卯 日生을 말하는데 부귀 장수하는 귀인이며 時支가 귀인이 되면 더욱 좋

다.
* 예의가 바르고 명랑해 보여도 內面으로는 소심하다.
* 악처 만나는 운이며, 해로가 어렵다.
* 陰, 陽착살이 되며 손하 男子와 혼인하고 말년이 길하다.
@ 丁丑日生은 白虎大殺이다. 甲辰, 乙未, 丙戌, 丁丑, 戊辰, 壬戌, 癸丑인데 과격하고 성나면 난폭하여도 남들이 부러워할 정도로 사는 날이 있다.
* 음식 솜씨가 뛰어나며 의상 감각도 있다.
* 총각때 아이 낳는다.
* 여자는 남편과 생이사별한다.
@ 戊寅日生은 日天干으로 長生이 되는 것인데 학당귀인이라 하며 학당귀인이 있는 사람은 교육자로 나가면 大吉하다.
* 복신이란 戊寅, 癸巳, 戊申, 癸亥日은 伏神이며 매사가 지연된다.
* 부부간 空亡 수가 있다.
* 남자는 자식이 잘 되는 아들이 있고 子孫多다.
* 여자는 강제 혼인하는 수 있고 남편 근심이

있다.

@ 己卯日生은 진신성이 있는데 甲子, 己卯 甲午, 己酉日이 進神성이 되는데 60甲子의 15위 간격 순으로 구성되며 문장력이 뛰어나고 自己가 하고 싶은 일만하는 사람이다.

* 구추방해살도 된다. 壬子, 壬午, 戊子, 戊午 己卯, 己酉, 乙卯, 乙酉, 辛卯, 辛酉 日生이 구추방해살인데 연정 관계로 가정 풍파가 많이 온다. 時에 있으면 그 자식이 여난을 겪는다. 머리가 좋다.

* 부부 갈등의 문제로 본인이 가출하든지 처가 다치든지 아프게 된다.

* 여자는 간부가 있고, 자식 덕 없다.

@ 庚辰日生은 괴강도 되지만 大惡大敗日도 되는데 실패하는 살이며 유하살도 庚辰, 辛卯가 되며 객사하는 살이다.

* 겉은 냉하나, 속은 따뜻하다.

* 자수성가 하며 이성 관계가 있다.

* 자식 근심은 있어도 남편에게 봉사 한다.

@ 辛巳日生은 복성귀인이 있는데 甲辰, 乙丑, 丙子, 丁酉, 戊申, 己未, 庚午, 辛巳, 壬辰, 癸卯 日辰이 복성귀인인데 한평생 복록이

따르며 부귀장수하며 時柱에 있으면 더 좋다.
* 백사, 흰뱀이라고 하며 남에 일을 알고 싶어 한다.
* 관록을 먹지 않으면, 관재가 있다.
* 정을 통하며 타 남자와 떠날 수도 있다.
@ 壬午日生은 복성귀인이 있다. 甲寅, 乙丑, 丙子, 丁酉, 戊申, 己未, 庚午, 辛巳, 壬辰, 癸卯가 복성귀인인데 이 日辰이 되는 사람은 壽命이 길고 재복이 있는 사주인데 時支가 되면 더욱 좋다.
* 구추방해란 살은 壬子, 壬午, 戊子, 戊午, 己卯, 己酉, 乙卯, 乙酉, 辛卯, 辛酉일 생이 구추방해살이 되는데 이살은 남녀 이성 관계에 혼탁한 살이다.
  가정풍파가 많고 교재면이 많다.
* 마음이 항상 바쁘고 안정을 찾으려한다.
* 부부해로하고 총각 때 득자하는 수가 많다.
* 부부연은 좋은데 年下에 정부를 두는 여자이다.
@ 癸未日生은 七살에 해당한데 七殺이란 甲申, 戊寅, 壬辰, 壬戌, 癸丑, 癸未가 칠살인데 교통사고 부부이별 등의 일을 겪는 사주이다.

*고집과 변덕이 있어 시작은 잘하나 중단된다.
* 자식은 아끼면서 부부는 인연 없고 유부녀와 간통한다.
* 난치병으로 고생한다.
@ 甲申日生은 칠살에 해당하며 남연살도 있는데 甲寅, 甲申, 丁丑, 己丑, 戊申, 辛未, 壬寅, 癸未 日柱는 남연살인데 남자는 간부를 두는 운이다.
* 또는 현침살은 甲, 申, 卯, 午, 辛의 다섯 글자가 현침살인데 양복점,의약업에 종사하는 살이다.
* 객지에서 잘 안 되는 살이다.
* 모든 일이 용두사미격이다.
* 부부언쟁 불화가 많아 고독감이 든다.
@ 乙酉日生은 장성살이 되는데 장성 酉방향에 문이나 대문을 내면 운기가 빠진다고 한다. 곡각살도 있어 乙, 己, 丑, 巳 四柱에 네 글자가 있으면 살이 있다고 하며 수족 절단 등 수족에 이상이 오는 살이다.
* 乙未은 선심 베푸는 것이고 酉金은 상대에게 냉정하게 하는 것을 의미 한다.
* 두통이나 편두통을 앓게 되고, 비장이 약한

자는 치아도 나쁘다.
* 부창부수이지만. 남편 엉뚱한데는 못당한다.
@ 丙戌日生은 재고귀인이 있는데 甲辰, 丙戌, 丁丑, 戊戌, 己丑, 辛未, 壬戌日 地支에 재성이 창고에 있다고 하여 부자될 사주인데 물론 사주의 吉凶으로 분류한다.
* 천라지망살은 戌亥는 천라이며 辰巳는 지망살인데 丙戌, 壬辰 日柱는 구속감금, 송사 등이 있고 ,여자는 부부생이별 하고 子孫運이 나쁘다.

백호대살은 甲辰, 乙未, 丙戌, 丁丑, 戊辰, 壬戌, 癸丑이 되는데 해당 육친이 피 흘리고 죽는 살이며 그 해당한 기둥도 나쁘다.
* 속성 속패의 성격이다.
* 재복은 있어도 실패가 많고 애처가이다.
* 자식하나 불구자 되는 여자이다.
@ 丁亥日柱는 日柱에 天乙貴人이 있다. 丁酉, 丁亥, 癸巳, 癸卯인데 귀인이 있는 사람은 사람이 된것이 착실히고 순수하며 덕이 있는 사람이다.

천록귀인은 丙子, 丁亥, 辛巳日이 되는데 평생덕 많음. 사주로 잘사는 日辰이다.

* 겉은 착실해 보여도 속은 꿋꿋하다.
* 말 잘하는 사람이다.
* 여자 애교가 만점이다.
@ 戊子日生은 육수성이 있는데 丙午, 丁未, 戊子, 己丑, 戊午, 己未 일주는 육수성에 해당하며 성격은 급하고 재치는 있으나 동업은 안 맞는다.
* 육친덕 없다.
* 현처와 혼인해도 他처가 있어야지 없으면 상처 한다.
* 재복은 있으나 눈물 많은 여자이다.
@ 己丑日生은 재고귀인이 있는 사주이다.
 甲辰, 丙戌, 丁丑, 戊戌, 己丑, 辛未, 壬戌日 생은 地支에 才星에 창고라고 하여 조후에 따라 재부될 수 있는 사주이다.
* 장간의 식신생재로 평생 재복이 있다.
* 돈은 잘 쓰면서 인색하고 종교철학 신앙에 인연이 있다.
* 여자는 성교중에 우는 스타일이고 싫은 척은 한다.
@ 庚寅日生은 뇌공타뇌관이란 살이 있는데 丙子, 戊戌, 庚寅日에 出生한 사람은 벼락 전

기, 교통사고, 화재, 가스사고 등을 주의하라.
* 마음은 크고 크게 살고져 하는 사람이다.
* 재산 권한은 妻가 가지고 있으면서 바람피운다.
* 여자는 간부가 있으면서 집안 권한을 갖고 있다.
@ 辛卯日生은 교신성이 있는데 丙子, 丙午, 辛卯, 辛酉日 생은 교신성이 있다고 하며 同業은 평생 못하고 자기 형태로 산다는 성격이다.
* 손재주는 있는데 자기 스스로 불안 하다.
* 日支 편재는 처에 의지한다. 반대로 처는 고생한다.
* 여자는 돈을 잘 벌여도 모두 남자에게 받친다.
@ 壬辰日生은 복성귀인이 있는데 甲寅, 乙丑, 丙子, 丁酉, 戊申, 乙未, 庚午, 辛巳, 壬辰, 癸卯日인데 부귀 장수한다는 日辰이다.
 時에 있는 것은 더욱 좋다.
* 괴강이 있어서 자기 자랑을 잘 한다.
* 처궁은 나쁘고 이별수도 있다.
* 남편덕 없고 마음 그늘이 있고 부양자 있다

@ 癸巳日生은 태극귀인이 있는데 甲子, 甲午, 丁卯, 丁酉, 戊辰, 戊戌, 己丑, 己未, 庚寅, 辛亥, 壬申, 癸巳일인데 모든 일에 끝에는 성공한다는 귀인이다.

복신(伏神)이란 戊寅 癸巳 戊申 癸亥 日柱인데 매사가 지체 정체되는 살이다.
* 복신이 있어 항상 무슨 일이라도 잘 안된다.
* 처덕은 있고 장가는 잘 간다.
* 여자는 간부 사건이 많으며 사회활동가이다.

@ 甲午생은 상관사궁이란 살이 있는데 甲午 庚子日柱는 日柱午와 子에는 상관이 있는 日柱라 하여 남편을 추방한다는 뜻이 되며 상부하는 日柱이며 밖으로 보기는 도도한 사람이다.
* 학업이 제대로 잘 안되는 비관을 잘 한다.
* 여자는 많은데 妻와는 이별수가 있다.
* 남편 자손궁 수심 많고 재주는 있다.

@ 乙未日柱생은 신병살이 되는데 乙巳 乙未 己巳 日時에 있으면 병이 끊이지 않으며 항상 아푸다.
* 초년 早失父母하고 고생이 많다.
* 부친궁에 횡액 있고 부모덕 없다.

* 자궁병 주의하고 건강 주의하라.
@ 丙申日생은 암록에 해당한데 丙申, 丁未, 戊申, 己未, 壬寅, 癸丑日이 되는데 재산근심 없이 평생 귀인이 있는 사주이다.

여연살도 있는데 乙丑, 丁丑, 丙申, 己未, 庚寅, 辛未, 壬寅, 壬申 日柱를 여연살이라고 하는데 간부를 두던지 有妾四柱이다.
* 명랑하나 우울하다. 정신병 주의하라.
* 日支에 장간에 財가 있으니 본처와는 空房수 있으며 有妾한다.
* 질병 있으며 시누이나 시가에 살 운이 있다.
@ 丁酉日生은 태극귀인이 있는데 甲子, 甲午 丁卯, 丁酉, 戊辰, 戊戌, 己丑, 己未, 庚寅, 辛亥, 壬申, 癸巳 日辰이 되는데 무엇이든지 끝장을 보는 성격이다.
* 학문과 인연이 있는 사람이다.
* 사람은 좋은데 부모덕, 형제덕 없고, 처는 좋다.
* 혼인후 여자로써 생활을 잘 한다.
@ 戊戌日生은 괴강살 태극귀인, 과살 등이 있는데 과살이란 戊戌이 日時에 해당한 것이며, 몸에 큰 중병으로 수술하든지, 다쳐서 큰 흉

터가 있다.
* 순한 사람이나 화가 나면 무섭다.
* 간여지동에 燥土(조토)는 초혼 실패 또는 처가 병을 갖는다.
* 낙태수술 수 있는 여자이며 혹 무자 되기도 한다.
@ 己亥日柱는 이 사람은 마음이 굳고 정직하며 여자 남자 다 좋아 하는 성격이며 그러나 남녀 다 같이 상대자 때문에 마음 아픈 경험이 있는 사람이다.
* 마음에 고집이 강하다.
* 평생 욕심으로 상대에게 욕 먹는다.
* 건강은 평생을 주의하라.
@ 庚子日柱는 상관사궁(傷官死宮)살이라 하는데 甲午, 庚子 日柱는 남편을 추방한다는 살이나 이별이 아니면 과부되는 살이며, 겉으로는 도도하게 보인다.
* 인정 많아 보증섰다가 망한다.
* 너무 고지식하여 외롭다.
* 여자는 자궁병 주의하라.
@ 辛丑日柱는 효신살 곡각살등이 있어서 생모와 이별 하든지 여자는 자손이 없다.

* 辛丑은 소뿔이라고 하는데 고집이 강하다는 뜻이다.
* 처와 부모와의 인연이 없다.
* 일부 종사하기 어렵다.

@ 壬寅日生은 관귀학관, 문창귀인, 암록 등이 있는데 丙申, 丁未, 戊申, 己未, 壬寅, 癸丑 등이 암록인데 평생 재복이 있는 사주이다.
* 권력에 아부심이 없고 태연하다.
* 식신생재생살은 딸을 도와주는 사람도 싫다는 뜻이다
* 꿈도 잘 맞고 음식솜씨가 가장 좋은 여자이다.

@ 癸卯日生은 천을귀인이 있는데 丁酉, 丁亥, 癸巳, 癸卯 日生인데 착하고 덕이 있고 복록이 두텁다.
* 밤에 호랑이는 겁 없다. 아부하지 않는다.
* 식신 생재 생살이 되는 것은 모든 것이 싫다는 뜻이다.
* 음식 솜씨가 가장 좋은 사람이다.

@ 甲辰日生은 백호대살 금여살 財庫貴人이 있어서 성격은 과격하지만 재복은 있다.
* 의지하는 성품이 아니고 자기 주관대로 매

사를 해치우는 성품이며 고집이 강하다.
* 금여성이 있어서 美人등과 연애 많이 하며 음독약을 먹는 성격도 된다.
* 여자는 남자근심 있고, 자기 스스로 가정을 이끌어가는 운이다.
@ 乙巳日生은 관귀학관도 있고 금여도 있고, 고란 과숙은 甲寅, 乙巳, 戊申, 辛亥 日柱를 말하는데 여자는 생이사별의 일진이고, 불연이면 남편이 첩이 있어서 근심하는 일 있고 早婚은 실패한다. 乙巳, 己巳, 乙未 日時에 출생한 자는 항상 몸이 아프다.
* 다정함이 지나치다.
* 가볍다는 몸으로 처세 잘 한다.
* 부부생사이별 한다. 고부지간 뜻이 안 맞다.
@ 丙午日生은 육수성있고 日刃이 있는데 日刃은 丙午, 戊午, 壬子日生인데 12운성에 관 다음에 왕에 해당하며 남에게 추종받는 살이다. 교신성은 丙子, 丙午, 辛卯, 辛酉日生을 말하는데 항상 외톨배기이다.
* 교신이란 자기 고집대로 산다.
* 午에 장간 己土가 있는데 고집이 강하다.
* 여자는 말조심 하여야 한다.

@ 丁未日生은 육수 암록 퇴신 장군전살이 있는데 장군전은 丙午, 丁未, 戊午, 己未, 壬子, 癸丑日이 되며 죄를 지으면 반드시 그 대가를 치른다는 살로써 자암살로도 불리우는데 地支가 沖 刑되면 무기나 흉기에 죽음을 당하기도 하다.

* 고집이 강하고 말 잘한다.
* 생활비만 주는 스타일이고, 처가도 돌본다.
* 살림 잘하는 현모양처이나 남편 덕 없다.

@ 戊申日生은 고란, 과숙살이 있는데 甲寅, 乙巳, 戊申, 辛亥 日柱를 말하는데 여자에게 해당되며 남편과 생사이별 하는 日辰이며 或은 첩을 둔다.

* 외식 좋아하며 중매도 잘한다.
* 중년이후 담석증 요통증이 온다. 주의하라.
* 자식 걱정이 있으며 사회사법이 꿈이다.

@ 己酉日生은 천주귀인, 학당귀인, 문창귀인이다.

귀인이 있는 사주인데, 흉살이 있어도 좋게 되는 사주이다.

* 기억력이 우수하고 문장가이다.
* 내면은 구설 번민 고민이 많은 사람이다.

* 살림 잘하는 현명한 처이며 남편을 무시하는 경향이 있다.
@ 庚戌日生은 금여가 있는데 甲辰, 乙巳, 庚戌, 辛亥日生이며, 정록에 양日은 세 번째요 음日은 두 번째를 말하는데 처가덕 있고 자손 창성하는 운이다.
* 모든 일에 열심이다.
* 금여는 처가 미인이란 뜻이다.
* 연하 男子와 연애하는 사주이다.
@ 辛亥日生은 금여, 고란, 과숙, 태극귀인 등의 살이 日辰으로써 四柱 自體의 격국이 깨끗하면 입신 출세도 한다는 사주이다.
* 머리는 좋은 사람이며 정의감이 강하다.
* 금여가 되면 처덕 있고, 처가도 부자이다.
* 자연 유산수 있고 자궁병 주의하라.
@ 壬子日生은 간여지동이며 장군전 홍염살 日刃등의 日辰인데, 자만심이 강하여 적을 많이 두는 일진이며, 편관과 같은 살로써 內面은 좋은 사람이나 어떤 문제가 있으면 잔인하다.
* 사람과 상대할 때는 다 좋다고 한다.
* 남자는 여자 때문에 평생 파란이 많다.

* 형제덕 없고 잘 다닌다.
@ 癸丑日生은 백호대살이 되는데, 음욕살도 있다.
 음욕살은 戊戌, 辛卯, 丁未, 乙卯, 己未, 癸丑, 庚申日柱인데 색정적이고, 여자는 유흥가에 소질이 있다.
* 강한 집념이 있는 사람이다.
* 평생 책과 인연이 있고, 의사가 맞다.
* 자궁 질병을 주의하라. 항상 몸이 아프다.
@ 甲寅日生은 日덕 정록, 복성귀인, 고란, 과숙 등이 있으며 정록이 있어서 自立하는 힘이 강하며 청백하다. 간여지동은 부부 자존심 때문에 이별수 있으니 주의하라.
* 우두머리 될 사람이며, 크게 성공 한다.
* 처는 자주 아프고, 밖에서는 호인이다.
* 고독하게 밖에 일만 바쁜 사람이다.
@ 乙卯日生은 구추방해살이 있는데 壬子, 壬午, 戊子, 己卯, 己酉, 乙卯, 乙酉日, 辛卯, 辛酉日생인데 연애 박사가 되면서 가정불화는 끝날 때 없으며, 그 자녀도 또 닮을 수 있다.
* 비겁이 많은 사람은 돈 벌어도 나간다.
* 음기가 강하며 여난이 있다. 여자는 남편덕

없다.
@ 丙辰日生은 단장관살이 있는데 甲午, 乙未, 丙辰, 丁巳, 己卯, 庚寅, 癸丑日 생인데 대장, 소장 등에 병으로 고생한다는 살이다.

평두살도 있는데 甲子, 甲辰, 丙寅, 丙戌, 丙辰이 日時에 있으면 평두살이라 하는데 남과 다툼이 자주 있는 살이다.

* 양 같은 성격이 화나면 갚지 못한다.
* 자손이 성공할 수 있는 관직에서 좌천된다.
* 일은 잘 해도 수입이 적다.

@ 丁巳日生은 陰刃살도 있으며 丁巳, 己巳, 癸亥日 생인데 재물 실패수도 있으며 칼 맞는 일도 주의하라. 丁巳日柱도 고란살로도 본다.

격각살도 있어서 乙巳, 己丑日인데 다리, 팔 절단할 수도 있으니 주의하라.

* 고집이 강하고 성급하여 화이다.
* 장간에 정재와 겁재가 같이 있어 丙午, 戊午, 壬子日 생인데 생살, 천을귀인이기도 하는 살이며 六수가 있어서 동업은 하지 말것과 남녀 다 같이 간부 유첩하는 日辰이다.
* 성격이 급해서 중도에 실패를 잘한다.

* 만혼하게 되며, 연하여자와 혼인한다.
* 여자이지만 관운이 있다.
@ 戊午일에 출생한 일주가 되는 사람은 인정이 많고 성격은 속이 깊으며 내성적이며 욕심이 많은 사람이다. 그러나 베풀때는 자기 것을 아끼지 않고 남을 도우는 특성이 있으니 사람은 좋은 사람이라 하겠다.
@ 己未日生은 六秀가 있어서 동업하지 말고 암록이 있으니 부부 가정이 좋고 복성귀인도 있어서 부귀장수하며 태극귀인이 있어서 매사에 성공한다는 日辰이다.
* 나보다 다른 사람을 위하는 성격이다.
* 연애는 잘 하지만 사업은 실패수 주의하라.
* 자손덕 없으니 욕심내지 말라.
@ 庚申日生은 음욕살이 되어 유흥가에 갈수도 있으니 주의하고 간여지동이 되어 부부이별수 있고 홍염살이 있어서 미인 처와 살기도 하며 잘산다.
* 집에서는 무정하지만, 밖에서는 좋다.
* 부부 의심하는 경향이 있다.
* 돈 욕심이 많아서 실패도 잘한다.
@ 辛酉日生은 간여지동이 있어 부부 이별수

주의하고, 교신성이 있어서 자아심이 강하며 정록이 있어서 자수성가 할 운이며 병만 주의하면 된다.
* 교록성이 있어서 대외적으로 사교술이 뛰어나다.
* 아내를 의심하는 의처증이 있다.
* 욕심 많은 사람이지만 주의가 필요하다.
@ 壬戌日生은 천문성이 있어 선견지명이 있고 퇴신 丁丑, 乙未, 壬辰, 壬戌이 퇴신이 되는데 이 살은 성격 급하여 나중에 후회하는 살이며 백호살이 있어 과격성이 있으며, 그러나 잘 살면서 큰소리 낼 때도 있다.
* 직감 예언이 빠르고 천문성이 있어서 꿈도 잘 맞는다.
* 여자 사귀는데 소질이 있다.
* 여자는 이혼 후에 성공하며 간섭을 싫어한다.
@ 癸亥日生은 음인이 있어서 칼 맞는 일 없도록 하고 복신이 되어서 매사가 지연되고 간여지동이 있어서 부부 생사이별수 있고 천일관살이 있어서 의학에 밝은 사람이다.
* 머리가 좋은 사람이다.

* 무슨 일이든지 묵묵히 잘해 나간다.
* 여자나 남자나 다 같이 연정 관계로 가슴 아픈 일을 당한다.

제10장 사주핵심. 혼례택일. 감정장. 성명장 양식

사주를 감정하는데 필요한 것을 모아서 핵심만 요약하였으니 독자는 그대로 복사를 해서 옆에 놓고 암기하시기 바랍니다.

그리고 뒤에 나오는 도표는 혼례 택일을 할 때 써주는 양식과 작명할 때 써주는 양식과 운명을 감정할 때 쓰는 양식의 형태입니다.

여러 역학자들이 쓰는 방식이 모두 다르지만 혹시나 그런 양식조차도 모르는 사람이 있을것 같아서 본사에서 쓰는 양식을 넣었습니다.

각자가 필요한 방법으로 만들어서 쓰면 되는 것이니 참고하시기 바랍니다.

【 생 활 상 식 】

❖ 竈王(조왕) 祈禱(기도) 일
매월 6일, 12일 18일 21일인데 이 날은 누구나 조왕(부엌의 신)에게 기도하면 만복이 들어와서 부귀 공명하게 되는 날이다.
조왕제사 지내는 법은 팥을 넣고 떡을 찐 후에 삼색 과일과 고추가루를 넣지 않은 세가지 나물을 만들어서 부뚜막, 조리대나 취사장에 차려 놓고 제사를 지내는데 호주가 절을 3번 하거나 또는 집안 식구 모두가 절을 3번씩 하는 것이 원칙입니다.

❖ 佛供(불공) 大通(대통) 일
매월 갑자일, 갑술일, 갑오일, 갑인일, 을축일, 을유일, 병인일,
　　　병진일, 병신일, 정미일, 무인일, 무자일, 기축일, 경오일,
　　　신묘일, 신유일, 계축일, 계묘일 인데 이런 날들에 부처님께
기도를 드리면 재수 대길하고 가정에 만복이 온다. 다른 일진일에도 높은 신에게 기도를 하면 만사 순탄하고 악이 소멸된다.

❖ 山神(산신) 祈禱(기도) 일
매월 갑자일, 갑신일, 을묘일, 을유일, 을해일
　　　병자일, 병술일, 경술일, 신묘일, 임신일 인데
산에 들어가서 산신님에게 기도를 할려면 우선 날자를 받아야 하며 이렇게 날을 받은후 15일간은 각종 고기를 먹지 말고 간음도 하지 말고 보기 흉측한 불길한 것들은 보지도 말고 소금 1되나 3대를 가지고 가고 싶은 산에 가서 흰 백설기 떡과 바다의 생선이나 게를 놓고 3가지의 과일과 나물을 놓고 산신경을 읽고 암송하면 산신이 와서 소원이 성취되게 된다.

❖ 수신 祈禱(기도) 일
매월 경오일, 신미일, 임신일, 계유일, 갑술일, 경자일, 신유일 인데 집안에 물에 빠져 죽은 사람이 있으면 매년 1회씩 날을 받아서 물에 가서 제사를 지내주면 집안이 평안하고 재수가 있다.
다른 사람이 잡아온 어류를 구입해서 방생하면 만사형통하는 날

木(목) 다 즉	여자운기	불견 木(목) 즉	의식구애
火(화) 다 즉	신병다유	불견 火(화) 즉	결혼풍파
土(토) 다 즉	재금왕성	불견 土(토) 즉	세방난면
金(금) 다 즉	인물특수	불견 金(금) 즉	독자주의
水(수) 다 즉	가지음란	불견 水(수) 즉	가처이별

甲己合土	어질고 인정 많고 이해심 존경받고 매사 적극
乙庚합金	강인한 성품 경솔하다
丙辛합水	색을 좋아하며 잔인하다 위엄은 있으나 비굴한 편
丁壬합木	호색가이며 엉큼하다 감정에 흐르기 쉽다
戊癸합火	미남 미녀형이며 인정이 없고 냉정하고 박정하다

지지합	子丑 合土	寅亥 合木	卯戌 合火	辰酉 合金	巳申 合水	午未 합無
三合	인오술 합火	신자진 합水	사유축 합金	해묘미 합木		

❖ 사주내에 합이 많으면 친구.애인이 많고 돈이 헤프고 성병주의.
❖ 사주내에 투합이 있으면 질투심이 많다.
❖ 합외에는 투합이 없다 즉 충, 파, 해는 투합이 없다.
❖ 유년법에서 월이 합이나 충이나 역마가 되면 이사할 운이다.

12 운성법	甲丙戊庚壬=순행	亥甲乙午 丙戊寅하고 丁己酉하여
	乙丁己辛癸=역행	庚巳났네 辛子가 壬申을 癸卯하고

천간沖	甲庚 충	乙辛 충	丙壬 충	丁癸 충	....	
지지沖	子午 충	丑未 충	寅申 충	卯酉 충	辰戌 충	巳亥 충
	년충=조상 덕 없고 떠날 운			월충=조출타향, 자수성가		
	일충=부부 이별 운			시충=자식과의 이별		

상파살	子酉 破	丑辰 파	寅亥 파	卯午 파	巳申 파	未戌 파
	년	조상 재물 파괴. 가업을 지키기 어렵다. 수표 부도				
	월	부모 형제 덕이 없고 조출 타향. 자수성가				
	일	초혼 실패 운				
	시	자식 덕이 없고 여자는 자궁 질환 주의				

상해살	子未 害	丑午 해	寅巳 해	卯辰 해	申亥 해	酉戌 해
	년	타향 팔자, 조실 부모				
	월	장자라도 분가.양자 가는수 많고 형제간 무덕,친우덕 無				
	일	부부 인연 없고, 풍파가 심하고 건강 불길, 수술				
	시	종신 자손이 귀하고 노년에 고독,질병 침입,수명이 짧다				

원진살	子未	丑午	寅酉	卯辛	辰亥	巳戌
	원망과 불평 불만이 많이 생기는 살.					

삼형살	寅巳申	자기 힘을 과신,관재구설,돌발적 고집,욕심으로 실패 호언장담,관재.수술.이별.전과자,의사 판검사로 출세
	丑戌未	성질이 포악하고 배신을 잘하며 남 이용을 잘한다. 은혜를 원수로 갚는다. 여자 사주이면 임신이 곤란
형 살	子卯	횡폭한 성질을 가지며 日에 있으면 처를 원수 같이 선동을 잘하며 주관이 뚜렷하다. 충신 아니면 역적
자형살	辰辰. 午午. 酉酉. 亥亥 = 의존심 많고 열성 인내심 부족.	

공망 일주를 주동	공망이 있으면 나뿐 살은 좋아지고 좋은 살은 약해진다.
	공망이 있고 화개살이 있으면 중 팔자이다.
	年과 日에 공망이 있으면 중 팔자이다.
	年과 月에 공망이 있으면 학업이 중단 된다.
	도화살이 있는 곳에 공망이 있으면 반대로 길하다.

귀문 관살	일지와 년지로 보는데 귀신을 모시는 살이며 日공망은 소멸											
	日支	자	축	인	묘	진	사	오	미	신	유	술	해
	年支	유	오	미	신	해	술	축	인	묘	자	사	진

괴강살	庚戌, 庚辰, 壬戌, 戊戌 = 12운성이 나쁘면 그대로 당한다. 일진만 보며 병이 침범하고, 과부. 생이별한다,

백호 대살	甲辰, 戊辰, 丙戌, 壬戌, 丁丑, 癸丑, 乙未
	몸에서 피를 흘린다는 악살이지만 신왕사주는 판검사 출세

신체파괴칠살=일주 지지 오행이 천간 오행을 극할 때=몸이 아프다

병신살	乙巳일이나 乙巳시	자신이나 자식중에 병신 아니면 항상 몸이 아프다.
	乙未일이나 乙未시	
	己巳일이나 己巳시	

생 년	子	丑	寅	卯	辰	巳	午	未	申	酉	戌	亥	年支를 주동하여 月,日,時 를 본다
고신살	寅	寅	巳	巳	巳	申	申	申	亥	亥	亥	寅	
과숙살	戌	戌	丑	丑	丑	辰	辰	辰	未	未	未	戌	
원진살	未	午	酉	申	亥	戌	丑	子	卯	寅	巳	辰	대모살,진살

日천간	양인살	비인살	금여성	문창성	12운성으로 일천간을 주동해서 년,월,일,시를 본다
陽일때	왕	태	쇠	병	
陰일때	대	묘	욕	생	

日支	寅午戌	申子辰	巳酉丑	亥卯未	
지살	인	신	사	해	
장성살	오	자	유	묘	
화개살	술	진	축	미	日支를 주동해서
역마살	신	인	해	사	년,월,시를 보고
수옥살,재살	자	오	묘	유	
월살	진	술	미	축	年支를 주동해서
천살	축	미	진	술	일지만 본다
망신살,관부살	사	해	신	인	
육해살	유	묘	자	오	
도화살,함지,패신	묘	유	오	자	
반안살	미	축	술	진	
겁살	해	사	인	신	

암록 暗綠	갑甲	을乙	병丙	정丁	무戊	기己	경庚	신辛	임壬	계癸	인덕,성공,재물등을 위험한 장소에서 귀인이 도와준다
	해亥	술戌	신申	미未	신申	미未	사巳	진辰	인寅	축丑	일간으로 년,월,시를 보고 년간으로 일간을 본다

❖ 지 살 = 땅이 움직여서 옥답이 되는 살
　　年 = 부모 이별, 양자, 지살이 2개면 두 어머니,3개면 부자이다
　　月 = 母 선망,질병이 있어서 초년은 힘들지만 중년은 부자된다
　　日 = 문장, 예술은 출중하나 부부 이별 있으며 자수성가 한다
　　時 = 의식 자족, 은인의 도움이 있다. 원진살이 있으면 단명
❖ 장 성 = 장군팔자이며 부하를 거느린다. 일찍 출세한다
　　年 = 부하를 거느린다　　　　月 = 최고로 좋다
　　日 = 여자는 팔자가 세다　　　時 = 말년에 명성을 떨친다
❖ 화계살 = 문장, 예능, 화류계로 출세하는 살이며 역학자도 된다
　　年 = 사회적으로 명망을 떨치고 직업은 예술 계통이 좋다
　　月 = 형제지간에 출세하는 자 있다
　　日 = 예술, 문장에 재능이 있고 글씨 솜씨도 좋다
　　時 = 천재적일 머리가 있고 자손이 출세한다
❖ 역마살 = 무역, 운수업 등으로 원행을 하는 팔자이다
❖ 수옥살 = 감옥에 갈수 있는 살이며 교도관, 판검사는 길하다
❖ 월 살 = 몸이 마르고 정신쇠약이 될 수 있는 살이다

- ❖ 천　살 = 심장,간장주의,고독하고 자손궁 불길,독학으로 성공한다
- ❖ 망신살 = 계획이 수포가 되며 재산 손해 있고 실수로 망신을 당함
- ❖ 육해살 = 오랜 병이 있고 육친 덕이 없다. 무기력
- ❖ 도화살 = 술,여자,도박으로 실패.남자는 호색가이고,여자는 풍류가
  - 月支 , 時支 = 주색으로 패가 망신하고
  - 日支 = 남자는 첩을 두고 여자는 간부를 둔다
- ❖ 반안살 = 높은 의자에 앉아 출세하는 살
- ❖ 겁　살 = 손재, 실물도난, 사기, 관재, 좌천 되는 살
- ❖ 양인살 = 신강사주는 군인,경찰로 출세, 신쇠사주는 몸을 다친다
  - 年 = 초년 풍파 많으며 은혜를 원수로 갚는다
  - 月 = 비굴한 성격이 있으며 부모 형제중에 몸을 다칠수 있다
  - 日 = 부부간에 수술, 時주에도 양인이 있으면 고독, 풍파, 타향
  - 時 = 말년에 재화를 당하고 처자를 해치고 고독해 진다
- ❖ 비인살 = 학업중단이 된다. 양인살보다는 약하다
- ❖ 금여성 = 연구 교수, 미인, 발명가, 귀인, 인덕이 있다
- ❖ 문창성 = 총명하고 글씨를 잘 쓰고 시인 문장가이다

궁합법		
	年과 年이 살이 끼면	결혼후 되는 일이 없다
	月과 月이 살이 끼면	고부간 갈등이 생기고 형제간 불목
	日과 日이 살이 끼면	日의 살을 50%로 판단 이별수 있다
	時와 時과 살이 끼면	자식이 생기기 힘들고 복이 없다
	삼형살(日柱 대 日柱)	서로의 고집으로 조용할 날이 없다
	공망살(일주 대 일주)	남녀 같이 있으면 좋으나 건강조심
	암 록 (일주 대 일주)	복성이 있어서 처덕이나 남편덕 있다
	괴강살,강성살(//)	남녀가 다 있으면 무방하다
	수옥살(//)	3년 이내로 옥중생활이나 관재구설수
	도화살(年주 대 年주)	되는 일이 없어서 앞길이 막힌다
	// (월주 대 월주)	결혼후 남자 부모에게 풍파가 생긴다
	// (일주 대 일주)	남자는 첩이 생기고 부부풍파 생긴다
	// (시주 대 시주)	가산탕진하고 무덕한 자손이 된다
	역마살(년주 대 년주)	각자의 직업이 성공하지만 주말부부
	// (월주 대 월주)	남자의 형제가 행방불명 되거나 객사
	// (일주 대 일주)	부부간 이별수이다
	// (시주 대 시주)	인생 종말을 객지에서 보내게 된다

	부	모	형제	배우자	자식	장인.장모	시어머니	기타
남자	편재	편인 인수	비견 겁재	정재	편관 정관	식신 상관		편재: 첩
여자	편재	편인 인수	비견 겁재	정관	식신 상관		정재	편관: 관부

비견	신규 시작, 분가, 연정 관계	
	길=신규,직장 변화,부동산 매매	불길=부부 이별,직업실패
겁재	신규 시작, 도적(재산 손재), 연정 관계, 구설수	
	길=직업변화,가토 매입	불길=수술,구설,소아분실
식신	재산, 건강, 결혼, 바람	
	길=결혼,재산,취직,생남(여)	불길=바람,손재,사업,구설
상관	재산, 신병, 중상모략, 신용타락	
	길=신용타락 회복,건강	불길=교통사고,낙직,수술
편재	재산, 연정 관계(여), 돈	
	길=연애,재산,여자 도움	불길=이별,손재,사기,자손근심
정재	재산, 신용, 사업, 결혼(여)	
	길=결혼,재물,바람,부동산매매	불길=이별,재산,바람,상처운
편관	관청, 투쟁, 이별, 건강(남)	
	길=직장변화,승진,결혼	불길=관청구설,신병,관부,이별
정관	관청, 명예, 권세, 신용, 자손	
	길=승진,취직,전근,결혼	불길=낙직,남편이별,도적,바람
편인	문서 계약, 명예, 학술, 사업, 여행	
	길=부동산매매,시험,사업,여행	불길=이사,질병,도적
인수	문서 계약, 명예, 학술, 여행 (신강은 여행중 도적 조심)	
	길=시험,사업,학술,해외여행	불길=학술실패,도적,사기운

❖ 財가 많으면 부친덕이 없다

당년 태세와 日柱하고 합이 되거나 官이 합이 되면 결혼운이다.

醮禮擇日

乾命　　　　　年

坤命　　　　　年

奠雁禮(陽曆)　　年　　月　　日
行禮　　　時(　時　분(分)　　時　분(지))

新行　　年　月　日 行
納幣　　年　月　日　　時

右擇日輦送히
　　年　月　日

醮禮擇日

乾命 乙巳年
坤命 乙酉年

奠雁 甲戌年 三月 ？日（?子）
　　（陽曆 甲戌年 三月 ?七日）

行禮 ?時（一時부터 三時까지）

結婚窀 （　人）無㝡
新行 三月 九日 行
新行窀 （　人）無㝡
納幣 甲戌年 三月 ?日 ?時

右擇日 無㝡日也
　　　年　月　日

運命鑑定壯

乾坤	年	月	日	時
命柱	五行	用神	神	殺
年				
月				
日				
時				

大	運

❀ 解說

❀ 歲運

운	甲子	乙丑	丙寅	丁卯	戊辰	己巳	庚午	辛未	壬申	癸酉	甲戌	乙亥	丙子	丁丑	戊寅	己卯	庚辰	辛巳	壬午	癸未
세																				
운	甲申	乙酉	丙戌	丁亥	戊子	己丑	庚寅	辛卯	壬辰	癸巳	甲午	乙未	丙申	丁酉	戊戌	己亥	庚子	辛丑	壬寅	癸卯
세																				
운	甲辰	乙巳	丙午	丁未	戊申	己酉	庚戌	辛亥	壬子	癸丑	甲寅	乙卯	丙辰	丁巳	戊午	己未	庚申	辛酉	壬戌	癸亥
세																				
운	甲子	乙丑	丙寅	丁卯	戊辰	己巳	庚午	辛未	壬申	癸酉	甲戌	乙亥	丙子	丁丑	戊寅	己卯	庚辰	辛巳	壬午	癸未
세																				

秋松鶴哲學院

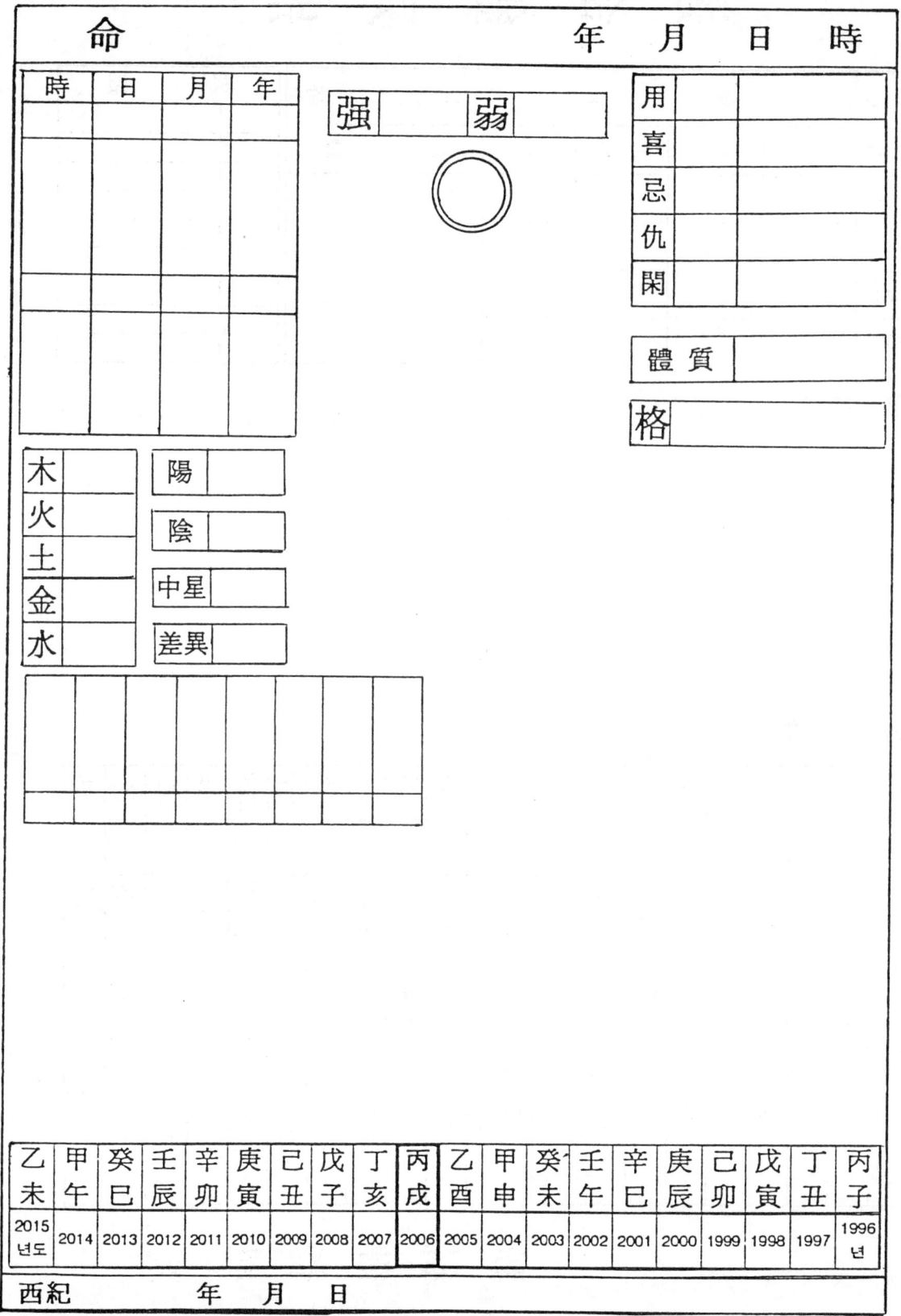

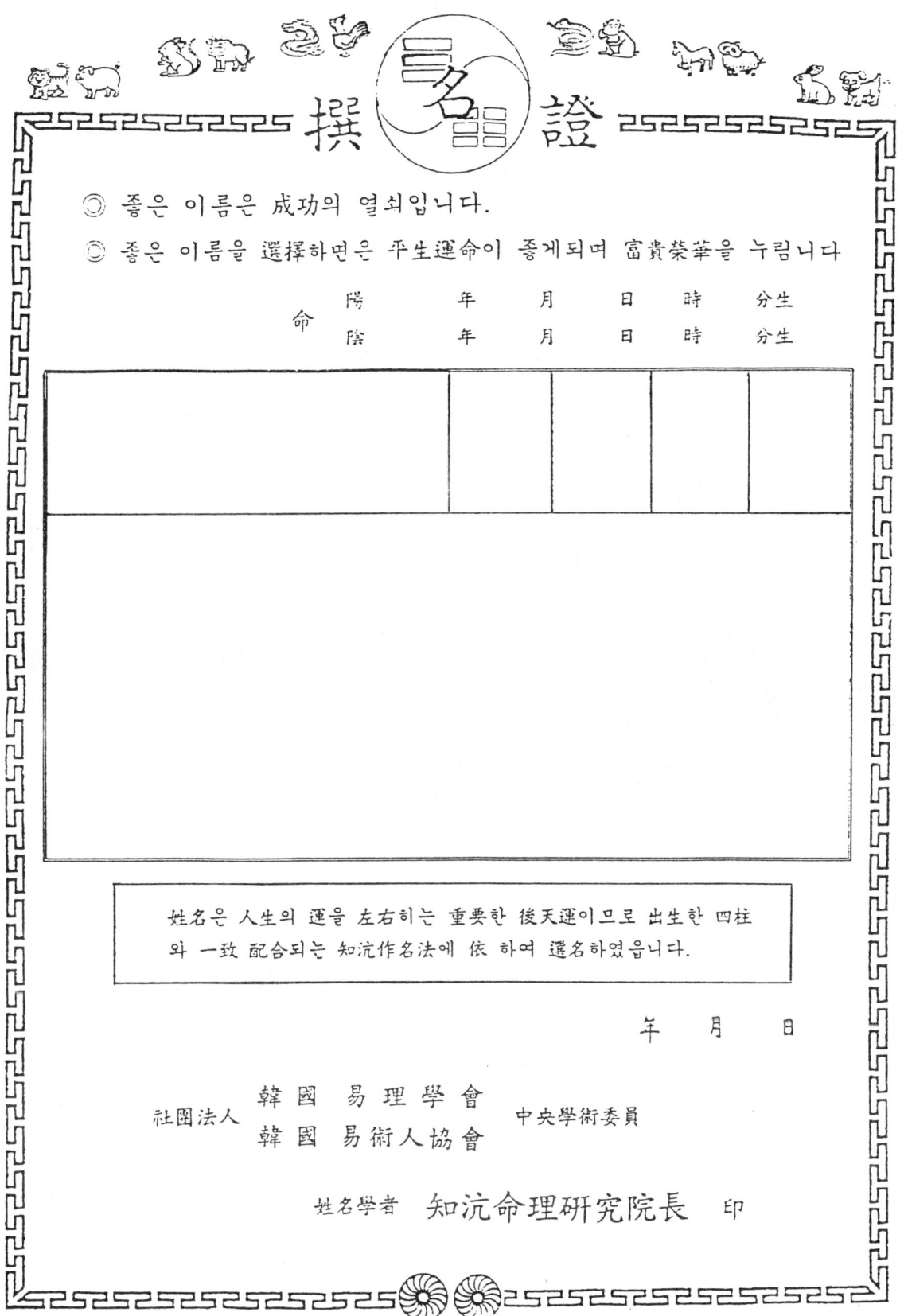

撰 名 證

◎ 좋은 이름은 成功의 열쇠입니다.
◎ 좋은 이름을 選擇하면은 平生運命이 좋게되며 富貴榮華을 누립니다

乾命 陽 2006 年 4 月 5 日
陰 2006 年 4 月 5 日 辰

| 朴 燦 哲 | 戊 | 甲 | 壬 | 丙 |
| 박은찬 박은석 | 辰 | 子 | 辰 | 戌 |

명철한 두뇌와 판단력이 빼어나며
매사에 추진력이 강하여 소원 성취되는
名으로 부귀영화와 명진사해하는 좋은 이름

朴 燦 奭
박찬석

姓名은 人生의 運을 左右히는 重要한 後天運이므로 出生한 四柱
와 一致 配合되는 知沆作名法에 依 하여 選名하였읍니다.

2006 年 4 月 11 日

社團法人   韓國 易理學會
          韓國 易術人 協會   中央學術委員

姓名學者   知沆命理研究院長

（판독 불가 - 手書き草書）

사주 작명 택일 등 전문

松鶴運命研究院

職業宮	教育者吉	子孫宮	一子有終
夫婦宮	百年吉	壽命宮	八十歲以上
兄弟宮	半凶半吉	注意	話達性
居家座	南向家吉	吉運路	庚辛之年
結婚運	二九才以後吉	雜殺	無
地格	健康大吉	凶運年	戊己之年
總格	蓄財格	宮合	四才以上男吉

四柱作名解運狀

乙酉年	六月	二十三日	申時 女

乙酉	根	木行	天	煞
癸未	苗	川土行	天	煞
癸丑	實	川土行	天	煞
庚申	花	金行	天	煞

福解 初年小風 中吉 末年泰平

煞解 平生之年 衣食自足

秋松鶴 이 말

姓名으로 雜禍을 免하게 되며

- 姓名으로 달라짐으로 生命까지 잃게되더라
- 姓名 달라짐으로 男·女·子를 잃게되며
- 姓名 달라짐으로 부부간 헤어지며
- 姓名 달라짐으로 成功을 못하는 수 있다

○ 姓名은 成功의 열쇠다
○ 平生의 運命은 姓名으로 알수있다
○ 좋은姓名選擇하며 平生運命出世계되며

當 { 本人四柱運命鑑定 一年運鑑定 宮合擇日
   結婚吉凶 事業成敗有無鑑定 移葬擇日 職業選擇 手相觀相手相 問議奉仕

選解名
年月日 (陰陽)
時 伯 所

秋松鶴運命研究院

選名狀

☯ 姓名 護名 申君ト

姓名은 四柱配合하고 選名되였으며 解說은 秋松鶴 作名
修命到處에 依하여 名을에
서울시 종로구 종로5가 3 3
전화 2 2 7 8 - 3 6
松鶴研究院

會長 秋松鶴
松鶴운명研究소

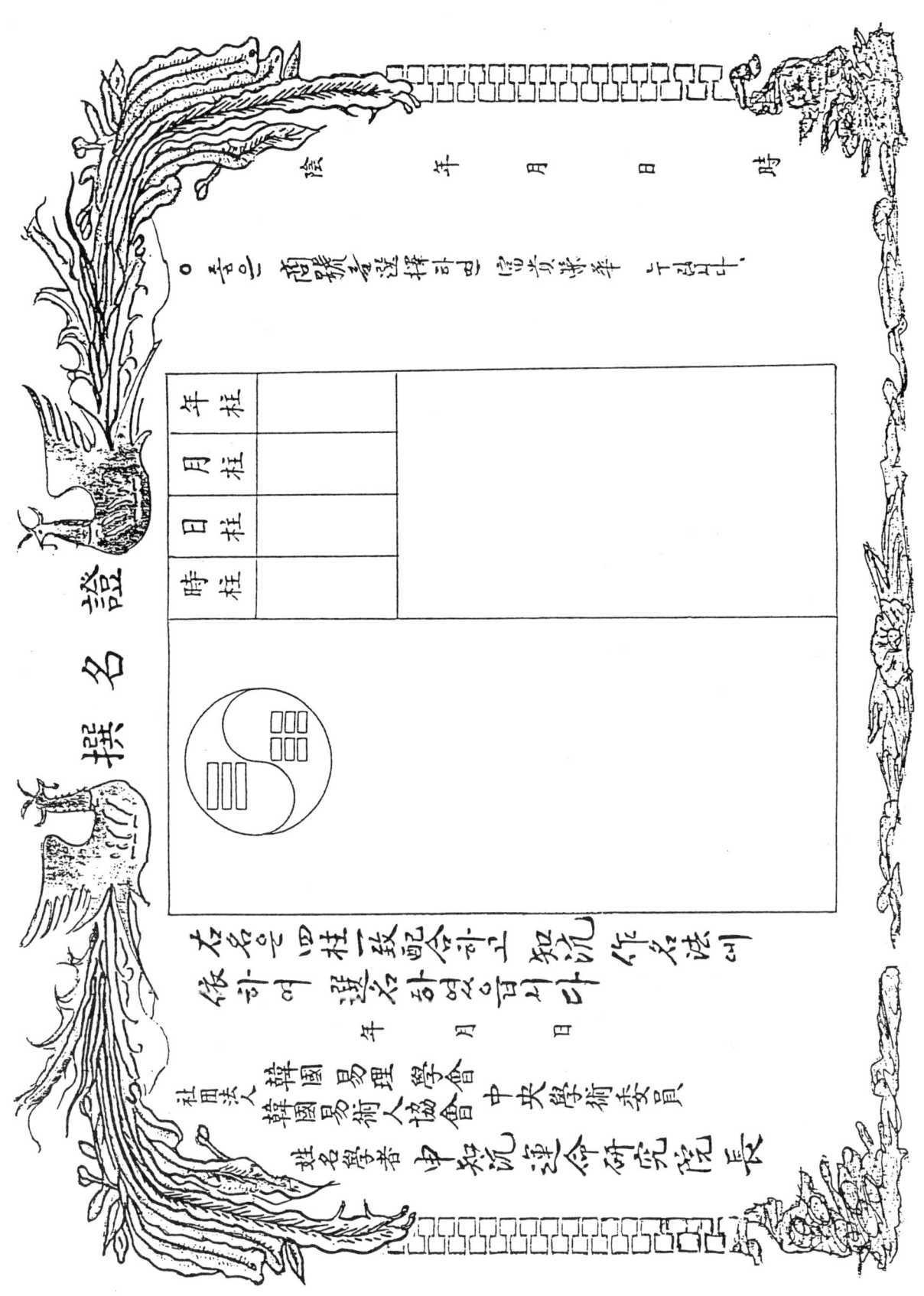

選 名 狀

姓名은 人生의 運을 左右히는 重要한 後天運이므로 出生한 四柱와 一致 配合되는 作名法에 依 하여 選名하였읍니다.

| 陽 | 年 | 月 | 日 | 時 | 分生 |
| 陰 | 年 | 月 | 日 | 時 | 分生 |

◎ 좋은 이름은 成功의 열쇠입니다.
◎ 좋은 이름을 選擇하면은 平生運命이 좋게되며 富貴榮華를 누립니다.

年　　　月　　　日

社團法人　　韓 國 易 理 學 會
　　　　　　韓 國 易 術 人 協 會　　　中央學術委員

姓名學者　知沆命理硏究院長　　印

四柱作名解運狀

年	月	日	時

年	行	
月	行	
日	行	
時	行	

職業宮		子孫宮	
夫婦宮		壽命宮	
兄弟宮		注意	
居家座		吉運格	
結婚運		雜殺	
地格		凶運年	
總格		宮合	

秋松鶴運命研究院 印

選 名 狀

※ 좋은 이름은 成功의 열쇠입니다.
※ 좋은 이름을 選擇하면 平生運命이 좋게 되며 富貴榮華를 누립니다.

命 陽曆　　年　　月　　日　　時　　分　時
　 陰曆　　年　　月　　日　　時　　分　時

	時	日	月	年
(　　) (　　)				
(　　) (　　)				

(解說)

◎ 姓名은 人生의 運을 左右하는 重要한 後天運이므로 出生한
　 四柱와 一致 配合되는 作名法에 依하여 選名하였습니다.

　　　　　　　　　　　　　　　　　　　　年　　月　　日

社團法人　韓國易理學會
　　　　　韓國易術人協會 中央學術委員

秋豊嶺哲學院長　　　　인

◈ 생활문화사 (추송학 저서) 도서 목록 ◈

번호	책 명	정 가	책 내용 설명
1	영 통 신 서	20,000원	주역 384효동 수록 매일 시간 운까지 아는책
2	관상학총비전	10,000원	한글판으로 관상을 아는 관상 비법 일체 수록
3	사 주 비 전	10,000원	사주의 기초로 누구나 쉽게 통달할수 있는 책
4	유 년 보 감	10,000원	한글판으로 유년 신수 및 신통부적이 있는 책
5	대 사 주 비 전	10,000원	사주비전에 수록하지 못한 비법 일체 수록책
6	예 방 비 법	10,000원	각종 부작 예방의 기초로 시험 삼재등 일체책
7	복 서 비 전		육효의 완전한 교과서로 주역을 배우는 책
8	구 성 학 비 법	15,000원	일백 이흑 등으로 운명 및 신수에 관한 책
9	해몽 꿈 뉴스		한글판으로 누구나 꿈의 비법을 통달하는 책
10	음 양 전 서	10,000원	궁합 택일 이사방위 등을 쉽게 볼수 있는 책
11	성 명 학 비 법	10,000원	작명 해명 회사명 등을 쉽게 이름 짓는 도서
12	감 정 비 전	5,000원	사주로 운명을 감정하는 감정 속성 비결수록
13	역학특수비법	10,000원	사주로 특수한 운명 감정의 비법 등이 수록책
14	새생활만세력	15,000원	2050년까지 만세력 구성이 있고 사주 찾는책
16	그 림 추사주	20,000원	한글판으로 운명 자녀수까지 아는 당사주 책
17	토 정 비 결	15,000원	상하 합본 384괘로 본사유일 복원책 下篇 無
18	송학작명사전	15,000원	획수별 오행별 특수표시로 작명할 때 필수 책
21	족 상 비 법		족상으로 건강 길흉 및 질병 완치하는 비록책
23	일 시 비 법	10,000원	매일 그 시간의 운과 상대방의 운을 아는 책
24	사 주 총 감	20,000원	사주학의 각종 신살을 쉽게 아는 신살 사전책
25	방 위 길 흉	10,000원	이사 방위를 매년 매월까지 쉽게 알수있는 책
26	증 산 복 역	20,000원	육효의 기초부터 실전까지 확실히알수있는책
27	풍 수 비 결	15,000원	풍수의 명당터를 쉽게 보고 배울 수 있는 책
28	성 명 의 신 비	20,000원	작명 해명 회사명 등을 자신있게 작명하는 책
29	추송학택일력	5,000원	매일운수 매월신수 결혼 이사날 등을 보는 책
30	신 통 사 주	20,000원	사주 공부하여 신과 같이 명판단 하는 교제책
31	육효 총 비전	20,000원	육효학을 혼자 독학으로 신과같이통달하는책
33	대 운 천세력	15,000원	2027년까지 만세력 책으로 남여의 대운 표시
34	대운천(수첩)	7,000원	만세력책으로 대운천세력의 4분의1의 축소책
35	경 마 비 법	10,000원	시간을 육효괘로 잡고 경마행운숫자 아는 책
36	수 상 비 법	20,000원	손의 생김새와 손금으로 일생의 운을 아는 책
37	역 점 비 법	10,000원	주역 육효학의 특별한 비법 일절 수록한 책
38	한 방 대 성	25,000원	병을 치료하는 처방과 진단 방법이 들어 있는
39	가 상 비 법	10,000원	가정 및 문짝의 위치만 보고도 내력을 아는책

40	종합 불경	10,000원	한글판으로 각종 불경 경문과 해설을 수록 책
41	육친 비법	20,000원	육친에 대한 일체의 해설 및 비법이 수록된 책
42	천간 명주	12,000원	한글판 천간으로 평생 운 매년 운을 아는 책
43	사주강의제1권	15,000원	일생의 성격 직업 금전 건강 설명이 있는 책
44	사주강의제2권	15,000원	사주학의 기초부터 천간지지 설명이 수록된 책
45	사주강의제3권	20,000원	각종 운명 해설의 총설명과 실예를 수록한 책
46	사주강의제4권	15,000원	운명의 끝맺음과 총괄설명 및 실예를 수록책
47	사주강의테이프	30,000원	사주강의 비법이 녹음된 6개의 테이프 세트入
48	육효전집제1권	20,000원	육효 팔괘의 배합 및 기본 64괘 총 해설집
49	육효전집제2권	20,000원	64괘 해설 및 괘 작성 방법 등의 비법 수록
50	육효전집제3권	20,000원	재물점에서 부터 모든 점의 실예 일절 수록
51	육효전집제4권	20,000원	모든 점을 실예로 수록하여 끝을 마무리한 책
52	매월 운세	20,000원	한글판으로 시간으로 육효 점술 신수 보는 책
53	운기 누설	10,000원	한글판으로 사주의 약점을 이름으로 보충하는
54	인생 운명	10,000원	한글판으로 상대의 성격 등을 쉽게 판단하는
55	지 장 경	5,000원	한글판으로 지장경의 원문과 해설이 있는 책
56	백 년 경	20,000원	한글판으로 년월일시로 평생사주를 쉽게 보는
57	오주 명리학	6,000원	사주에 절기를 추가하여 오행 열개로 보는 책
58	오주 산책	6,000원	오주의 오행 열 개로 실예를 들어 해설한 책
59	신 통 부	20,000원	한글판으로 750여종의 특수 부작을 수록한 책
60	평생 사주	20,000원	한글판으로 평생사주를 한 장씩 뜯어 주는 책
61	궁합의 선택	5,000원	오주의 오행 열 개로 궁합의 해설을 하는 책
62	정감록 사주	40,000원	한글판으로 평생운명과 매년 신수를 보는 책
63	사 주 해설	10,000원	한글판으로 사주를 기초부터 누구나 알수있는
64	격 암 유 록	20,000원	한글판 남사고 선생의 예언서이며 교양서적
65	가 정 보 감	20,000원	관혼상례법 일체 수록하고 사주 기초 수록한
66	팔 괘 감 정	15,000원	한글판이며 주역 팔괘로 쉽게 운을 알수 있는
67	육 임 단 시	20,000원	한글판으로 육임 단시 점을 쉽게 풀이한 책
68	명리는천기다	20,000원	사주의 용신 잡는 법과 사주의 특수 풀이법
69	풍 수 지산록	35,000원	한글판으로 풍수 보는 법과 명산이 수록된 책
70	특 사주 비전	35,000원	한글판으로사주의 특수비법과 부작이 수록된
71	사주 속견 철	50,000원	죽은 혼의 탈을 알고 사주속성 특수비법 책
72	육효학이론과실제	30,000원	주역 육효의 해설 및 이론의 실재 조직 방법
73	귀 곡 전 서	50,000원	고객이 찾아온 이유를알고 경마행운 숫자수록
74	산문의풍경소리	15,000원	불교 교리 강의를 체계적으로 쉽게 풀이한 책
75	추송학사주격국	15,000원	한글판 사주와 격국론 초보자도 알기 쉬운 책
76	명 주 격 파	25,000원	사주학의 모든것으로 마지막 마무리 강의교재

※우편 100-015 서울 중구 충무로 5가 36-3 ☎ 02-2265-6348
◎ 우체국 온라인 번호 010231-02-001931   추순식 앞
  농협   084-12-147005   추병기 앞
◆ 책 대금은 계좌 번호로 송금후 연락하시면 보내드립니다.

판권저
자소유

사주명주격파【정가:25,000원】

2008년　　3월 20일 초판 인쇄
2011년　　4월 10일 확대 발행
공저자 : 추 송 학, 이 경 철
발행인 : 秋松鶴(秋順植)
발행처 : 도서출판 생활문화사
주소:서울 중구 충무로5가 36-3
전화:(02)2265-6348 /2278-3664
　　　(팩스) 02 - 2274 - 6398
등록1976년 1월 10일 제2-136호
ISBN 978-89-8280-079-5 13180